Eva Eich

NATURFORSCHER im Winter

arsEdition

Dieses Naturforscherbuch gehört

....

Inhalt

Es wird Winter

Der Schnee ist da!

In der Stadt

Am Wasser

Im Wald

Auf der Wiese

Es wird Frühling

Gut vorbereitet

Wenn ihr einen langen Winterausflug plant, dann packt ihr euch wahrscheinlich auch Essen und warme Kleidung ein. Genauso bereiten sich auch die Tiere auf ihr großes Abenteuer – den Winter – vor.
Dabei gibt es allerdings ganz unterschiedliche Taktiken! Während manche ihr Futter sammeln und in geheimen Verstecken horten, fressen sich andere lieber gleich einen ordentlichen Winterspeck an.

Die Sammler

Eichhörnchen sammeln Nüsse, Eicheln und andere Baumfrüchte und verstecken sie im Waldboden.

Die Vielfresser

Fledermäuse sind schon früher am Himmel auf Jagd, um noch mehr Insekten zu erwischen und sich so ein Polster für den Winter anzufuttern.

Die Beschützer

Laubbäume bilden Knospen. Das sind kleine Blätter und Blüten in einer Art Schutzschild, damit sie sofort wieder blühen können, sobald es wärmer wird.

Die Cleveren

Eichelhäher fressen sonst lieber Insekten, Jungvögel und Mäuse. Im Herbst sammeln sie aber Eicheln, Bucheckern und Nüsse für ihr Winterdepot.

?

Stimmt's? Eichhörnchen finden ihre versteckten Vorräte manchmal nicht wieder!

Stimmt! Aus den vergessenen Schätzen wachsen neue Bäume und Sträucher heran.

Wer geht? Wer kommt?

Zugvögel fliegen im Winter nicht in den Süden, weil es ihnen hier einfach zu kalt ist, sondern weil sie nicht mehr genug Futter finden. Vor allem Insektenfresser werden bei Kälte und Schnee nicht mehr richtig satt. Deswegen begeben sie sich auf eine weite Reise. Manche fliegen einfach nur ins wärmere Spanien, andere, wie Mauersegler und Nachtigall, bis nach Afrika. Doch manche Vögel, wie Lachmöwen, Blessgänse oder der Seidenschwanz, kommen auch im Winter zu uns!

Mauersegler

Gartengrasmücke

Rauchschwalbe

Neuntöter

Kuckuck

Star

Weißstorch

Zugvögel, die tagsüber unterwegs sind, orientieren sich am Stand der Sonne, während die Nachtflieger nach den Sternen schauen. Tatsächlich spielt auch das Magnetfeld der Erde eine wichtige Rolle. Neueste Forschungen lassen vermuten, dass Vögel ganz spezielle Rezeptoren in den Augen tragen, die sie das Magnetfeld quasi sehen lassen!

Immer weniger Zugvögel fliegen im Winter weg! Weil sie wegen des Klimawandels genug Futter finden, bleiben Zugvögel häufiger bei uns. Experten vermuten, dass es in Mitteleuropa in 100 Jahren keinen Vogelzug mehr geben wird.

Staun-Facts:

- Der Mauersegler schläft während seiner Reise in die Sahara sogar im Flug!
- Gänse fliegen bis zu 9000 Meter hoch!

Gut gepolstert

Wenn es draußen frostig kalt ist, packen wir uns in dicke Winterjacken ein. Genau das Gleiche machen die Tiere! Sie lassen sich ein schönes dichtes Winterfell wachsen. Aber wie halten Jacke und Fell eigentlich warm?

Schau genau!

Das Fell der Säugetiere besteht hauptsächlich aus zwei Sorten Haaren:

Die längeren GRANNENHAARE geben dem Tier seine Farbe.

Die kürzeren WOLLHAARE sorgen für Wärme! Sie werden im Winter länger und dichter und bilden unter dem normalen Fell eine wärmende Schicht, indem sie die vom Körper angewärmte Luft nah an der Haut halten.

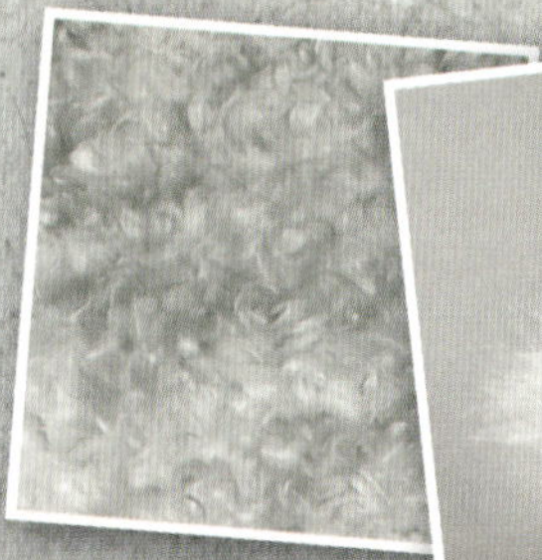

Die gleiche clevere Technik nutzen auch Vögel: Sie haben unter den normalen Federn kleinere Daunenfedern, die ein wärmendes Luftpolster einfangen – genau wie es deine Daunenjacke macht!

Zusätzlich können Vögel sich noch aufplustern und so die Luftschicht noch mal vergrößern. Auch wir Menschen können unsere Haare aufstellen, das heißt dann Gänsehaut. Wirklich warm macht die allerdings nicht, bei den paar Körperhärchen ...

!! Probier´s aus!

Fülle eine große Karaffe oder Flasche mit handwarmem Wasser. Dann gieße den Inhalt in zwei leere Marmeladengläser und verschließe die Deckel. Wickle ein Glas in einen Wollschal, eine Daunenjacke oder ein Daunenkissen ein und stelle beide Gläser ins Freie.

Miss nach einer Stunde die Temperatur!
Wie groß ist der Unterschied?

....

Schlafmützen — Was passiert beim Winterschlaf?

Einige Tiere sparen sich den ganzen Ärger mit der kalten Jahreszeit einfach: Sie verschlafen den Winter und werden erst wieder aktiv, wenn es draußen wieder angenehm warm wird. Aber welche Tiere sind das? Und wie schaffen sie es, so lange ohne Futter auszukommen?

? Welches dieser Tiere hält keinen Winterschlaf?

Fledermaus

Igel

Siebenschläfer

Eule

Haselmaus

Die Eule! Vögel halten überhaupt keinen Winterschlaf. Einige Arten wie der Mauersegler können bei extremer Kälte allerdings auch in eine kurze Art Schlafstarre verfallen, in der sie ihre Körpertemperatur herunterfahren.

Die Taktik:

Die Winterschläfer fahren ihre kompletten Körperfunktionen auf Sparflamme herunter.

Das bedeutet: Sie atmen langsamer, die Körpertemperatur wird niedriger und das Herz schlägt langsamer. So können sie von den Fettreserven, die sie sich vorher angefressen haben, zehren, bis der Winter vorbei ist!

Der Igel atmet während des Winterschlafs nur 3 – 4-mal pro Minute.

Die Fledermaus sogar nur einmal pro Stunde!

Probier´s aus!

Nimm dir eine Uhr und zähle, wie oft du in einer Minute atmest.

....

Winterruhe

Es gibt aber nicht nur den Winterschlaf, sondern auch die sogenannte Winterruhe. Dabei bewegen sich die Tiere zwar auch sehr wenig, aber im Unterschied zum Winterschlaf fahren die Winterruher ihre Atmung oder den Herzschlag nicht komplett herunter. Auch die Körpertemperatur verändert sich kaum. Sie können jederzeit aufstehen und Nahrung zu sich nehmen, ohne ihren Körper erst langsam darauf vorbereiten zu müssen.

Kuschelbär:

Speziell im kalten Sibirien kuschelt sich der Braunbär bis zu sieben Monate lang in seiner Höhle ein. Dabei trinkt oder frisst er nichts und scheidet auch keinen Kot oder Urin aus. Im wärmeren Europa verlässt er aber auch ab und zu mal seine Höhle.

In ihrer Höhle bringt die Bärin im Dezember oder Januar ihre Jungen zur Welt.

Saubere Sache

Dachse kommen in manchen Nächten aus ihrem Bau, um etwas zu fressen oder auf die Toilette zu gehen. Ihr Geschäft vergraben sie dann ganz reinlich außerhalb, um ihren Bau sauber zu halten.

Knabber-Pausen

Das Eichhörnchen klettert während seiner Winterruhe häufiger aus dem Nest, um Nüsse oder anderes Futter zu knabbern, das es zuvor extra in Verstecken deponiert hat.

?

Stimmt's? Bären stehen während ihrer Winterruhe ab und zu auf, damit sich ihre Muskeln nicht zurückbilden.

Stimmt nicht! Wissenschaftler haben während der Winterruhe im Blut der Bären einen speziellen Botenstoff gefunden, der dafür sorgt, dass die Muskeln der Tiere sich trotz fehlender Bewegung nicht verändern.

Klapperzähne und Eisfüße

Wir haben leider kein dickes Winterfell, kein eingebautes Frostschutzmittel, und in den Süden fliegen, wie die Zugvögel, können wir höchstens mal für zwei Wochen Urlaub. Deswegen hat unser Körper seine ganz eigenen Taktiken entwickelt, um mit der Kälte klarzukommen.

Eishände und -füße

Unser Körper versucht seine Kerntemperatur von knapp 37 °C zu halten. Vor allem bei den inneren Organen, denn die sind überlebenswichtig. Schafft er das nicht, kühlen deswegen zuerst unsere Gliedmaßen ab. Bei einer Umgebungstemperatur von 15 °C kann die Temperatur an den Fingern schnell auf 16 °C sinken – also Handschuhe anziehen!

Rote Nase

Das kennt jeder: Wenn wir zu lange in der Kälte sind, wird unsere Nase rot wie bei Rudolph, dem Rentier. Der Grund: Die Nase steht vom Gesicht ab und hat noch dazu keine wärmenden Fettpölsterchen. Deshalb schickt unser Körper jetzt mehr warmes Blut in die Nase. Die Nase wird rot, weil die Haut dort stärker durchblutet wird.

Klapperzähne

Wenn es aber richtig kalt ist, greift unser Körper auf seine letzte Geheimwaffe zurück: Zittern und Zähneklappern. Das entsteht, wenn sich unsere Muskeln im Körper und eben auch im Kiefer zusammenziehen und danach entspannen. Immer wieder im schnellen Wechsel. Durch diese Bewegung entsteht Wärme.

!! Probier´s aus!

Stelle einfach drei Schüsseln mit Wasser nebeneinander: kaltes Wasser, lauwarmes Wasser und sehr warmes Wasser. Tauche jetzt eine Hand in das kalte und die andere in das sehr warme Wasser. Dann steckst du beide Hände gleichzeitig in die mittlere, lauwarme Schüssel. Wie fühlt sich das an?

....

Spuren im Schnee

Es hat geschneit? Tier-Detektive und Spurensucher aufgepasst! Wenn wir durch den Schnee stapfen, hinterlassen wir verräterische Spuren im weißen Untergrund. Auch die Tiere, die sich sonst so gut verstecken, hinterlassen eine deutliche Fährte. Jedes Tier hat dabei ein ganz eigenes Muster. Aber welche Spur gehört zu wem?

Maus

Feldhase

Amsel

Wildschwein

Eichhörnchen

Fuchs

Reh

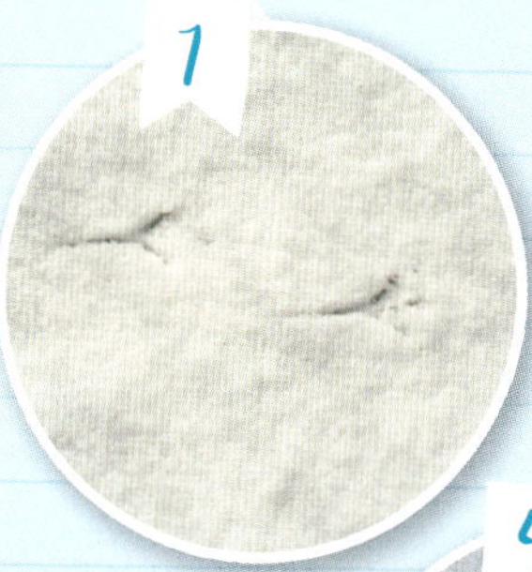

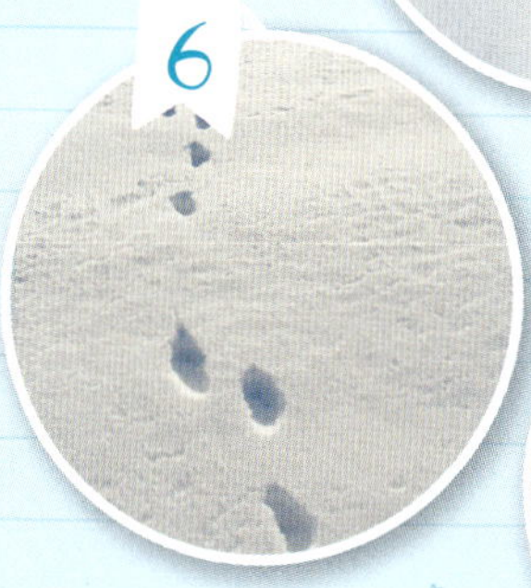

Lösung: 1 Amsel,
2 Wildschwein, 3 Fuchs,
4 Eichhörnchen,
5 Reh, 6 Feldhase,
7 Maus

? Hast du´s gewusst?

Geübte Spurenleser erkennen nicht nur, welches Tier im Schnee unterwegs war, sondern auch wie schnell, ob Männchen oder Weibchen und sogar wie alt es ist!

Winter-Wunderland

Was macht ihr am liebsten im Schnee? Einen Schneemann bauen? Eine wilde Fahrt mit dem Schlitten? Eine Schneeballschlacht? Oder einfach einen Schnee-Engel zaubern? Eis und Schnee sorgen auf jeden Fall für viel Spaß und werden jedes Jahr heiß ersehnt!

Aber wie entsteht eigentlich Eis?

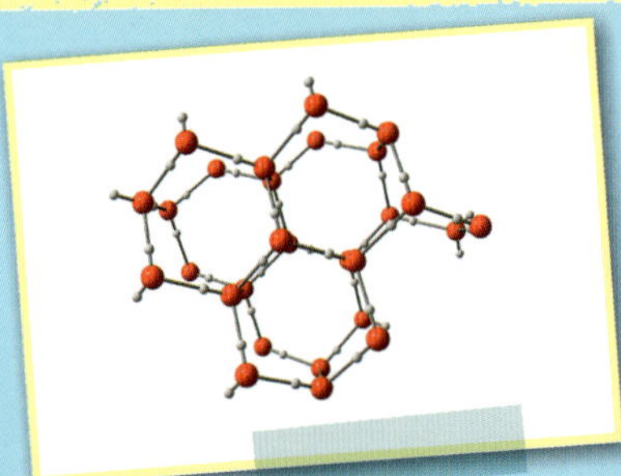

Im flüssigen Wasser bewegen sich die kleinen Wassermoleküle noch locker hin und her. Bei einer Temperatur unter 0 °C ordnen sie sich in einer regelmäßigen, starren Gitterstruktur an. So wird aus flüssig fest!

Wie entsteht Schnee?

Schnee bildet sich, wenn winzige Wassertröpfchen in den Wolken auf kleine Staubkörnchen treffen und gefrieren. Dann sind die Kristalle aber noch so klein, dass man sie kaum sehen kann. Erst wenn auf ihrem Weg zur Erde Wasserdampf auf ihnen gefriert, werden sie langsam größer. Die Schneeflocke, die schließlich bei uns ankommt, ist eine Ansammlung vieler kleiner Kristalle.

!!

Probier´s aus!

Fülle einen Messbecher mit Schnee und lasse ihn schmelzen. Wie viel Wasser wird herauskommen? Mehr oder weniger?

Tatsächlich wird es wesentlich weniger Wasser sein als Schnee. Schuld sind die vielen Lufträume, die sich zwischen den Eiskristallen befinden, deswegen schmilzt Schnee auch viel schneller als Eis!

Die vier größten Schnee-Geheimnisse

1 Wieso ist Schnee weiß?

Die vielen kleinen Schneekristalle funktionieren wie Mini-Spiegel. Wenn Licht auf sie fällt, wird es reflektiert. Und da Sonnenlicht weiß ist, strahlt auch der Schnee weiß. Die Mini-Spiegel sind übrigens auch der Grund, warum Schnee so schön glitzern kann!

2 Wie häufig gibt es weiße Weihnachten?

Die Regel lautet: Je näher an der Küste und je niedriger gelegen eine Stadt, desto geringer die Chancen. In München schneit es in zwei von fünf Jahren, in Dresden etwa jedes fünfte Jahr, in Hamburg und Frankfurt am Main nur alle neun Jahre und das Rheinland feiert gerade mal alle zehn Jahre weiße Weihnachten.

Übrigens: Auch wenn es sich anders anfühlt, weiße Weihnachten sind in den letzten hundert Jahren nicht seltener geworden!

3 Warum knirscht Schnee?

Wenn wir auf Schnee treten, zerbrechen die kleinen Ästchen der einzelnen Kristalle. Wenn es besonders kalt ist, sind die Ästchen besonders hart und es knischt umso lauter.

4 Sieht wirklich jede Schneeflocke anders aus?

Ja! Tatsächlich ist jeder Kristall ein absolutes Einzelstück! Schneeforscher haben aber 80 verschiedene Grundformen bestimmt, die sich immer wieder finden.

!! Probier´s aus!

Schnapp dir eine Lupe und schau dir einen Schneekristall genau an!
Fast jeder Kristall hat eine sechseckige Grundform, ganz selten gibt es auch mal einen Kristall mit zwölf Armen.
Zeichne deine Schneeflocke(n) hierhin!

Kälte ist nicht gleich Kälte: Der Wind-Chill-Effekt

Brr… 0 °C oder weniger kann ganz schön kalt sein! Nicht nur die Tiere müssen im Winter die kalten Temperaturen aushalten, sondern auch wir Menschen. Ein Glück, dass es warme Jacken, Mütze und Handschuhe gibt!

Aber Kälte ist nicht gleich Kälte. 0 °C kann sich ganz unterschiedlich anfühlen. Schuld daran ist der sogenannte Wind-Chill-Effekt.

Der Körper von Mensch und Säugetier strahlt die ganze Zeit Wärme ab. Das bedeutet, dass sich um den Körper herum eine dünne Schicht an warmer Luft bildet. Bei 0 °C Umgebungstemperatur ist es direkt an der Haut deswegen nicht 0 °C kalt, sondern auf jeden Fall wärmer! Wenn der Wind dieses warme Luftpolster aber wegbläst, fühlt sich das sofort kälter an.

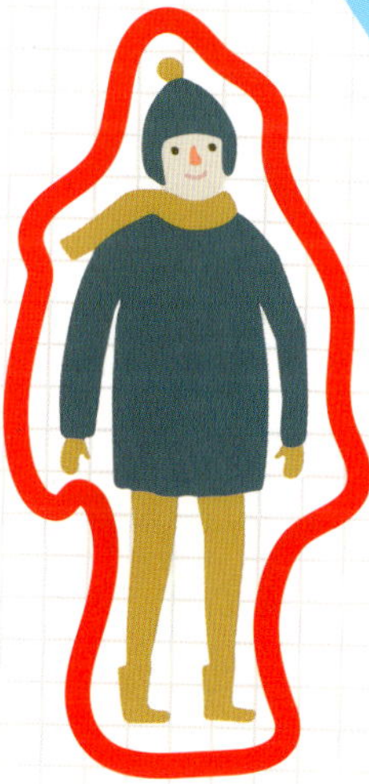

Und je stärker der Wind, desto frostiger wird es. Dieses Phänomen nennt man Wind-Chill-Effekt, also Wind-Frier-Effekt.

!!

Probier´s aus!

Stelle zwei Thermometer auf:
eins im Wind, das andere windgeschützt.
Zeigen sie unterschiedliche
Temperaturen an?

Nein, denn anders als unser Körper strahlt das Thermometer keine Wärme ab, es hat also auch kein Wärmepolster, das weggepustet werden kann. Die Temperatur an beiden Thermometern ist genau gleich!

Die dunkle Jahreszeit

Fällt es dir im Winter auch ein bisschen schwerer aufzustehen? Kein Wunder, denn draußen ist es meistens noch dunkel, wenn der Wecker klingelt. Und auch am Abend geht die Sonne schon früh unter. Aber warum werden die Tage überhaupt kürzer?

Heller Tag ist immer dann, wenn die Seite der Erdkugel, auf der wir uns befinden, sich zur Sonne dreht und von ihr angestrahlt wird.

Quizfrage

Weißt du, wann der kürzeste Tag ist?

Der kürzeste Tag ist immer am 21. Dezember. Gerade mal 8 Stunden lang ist es kurz vor Weihnachten hell. Am längsten Tag, dem 21. Juni, scheint die Sonne dafür 16 Stunden lang.

Der Unterschied zwischen Winter und Sommer entsteht, weil die Erde nicht gerade ausgerichtet ist, sondern ein bisschen schief in ihrer Achse liegt, so wie du es auch von einem Globus kennst. Diese »schiefe« Kugel dreht sich im Laufe eines Jahres einmal komplett um die Sonne. Durch die Neigung bekommen die obere und untere Hälfte der Kugel unterschiedlich lange Sonne ab, je nachdem wo die Erde steht. Wenn im Winter unsere Nordhalbkugel von der Sonne weggekippt ist, kann uns die Sonne deswegen nur kurz anstrahlen. Es ist morgens länger und abends früher dunkel,

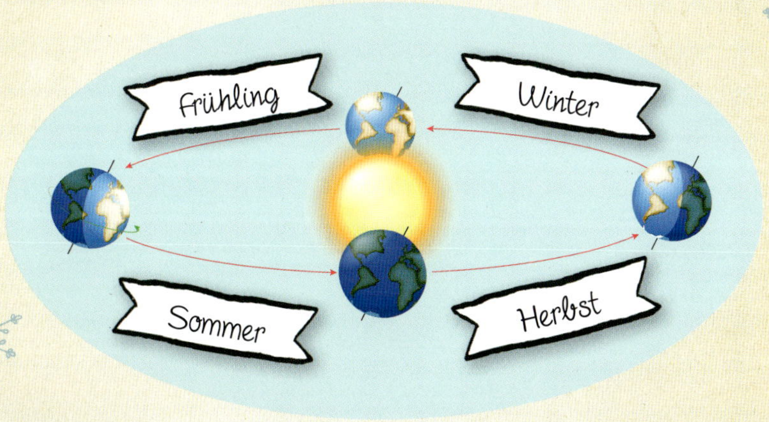

? Hast du´s gewusst?

Am Südpol und am Nordpol ist es deswegen ein halbes Jahr lang hell und ein halbes Jahr lang dunkel. Am Äquator dagegen bleibt es das ganze Jahr bei 12 Stunden Tag und 12 Stunden Nacht.

Weiß wie Schnee

Tarnung ist alles! Für viele Tiere hängt ihr Überleben davon ab, dass sie nicht entdeckt werden. So kann man sich besser vor einem hungrigen Räuber verstecken, aber sich auch unbemerkt an Beutetiere anschleichen.

Deswegen ist das Hermelin im Winter nicht braun, sondern weiß wie Schnee! Im Sommer sorgt ein Hormon dafür, dass Farbstoff in den Haaren eingelagert wird, das Fell wird braun. Bei kälteren Temperaturen wird dieses Hormon außer Kraft gesetzt, es wird kein Farbstoff eingelagert. Das Ergebnis: schneeweißes Fell!

Weitere Meister der Tarnung:

Schneehuhn

Es verlässt sich bis zur letzten Sekunde auf seine Tarnung. Erst wenn ein Feind ihm ganz nahe kommt oder man fast auf es tritt, flattert es auf und versucht zu fliehen.

Schneehase

Im Sommer sieht er fast aus wie ein normaler Feldhase. Im Winter tarnt er sich in der schneereichen Umgebung, in der er normalerweise lebt — wie den Alpen —, mit seinem weißen Fell.

Hast du´s gewusst?

Das weiße Winterfell mit schwarzer Schwanzspitze des Hermelins galt früher als etwas ganz Besonderes. Nur Ritter oder Könige durften im Mittelalter das kostbare Fell an ihrem Mantel tragen.

Wer pickt denn da?

Im Winter kann man draußen keine Tiere beobachten? Von wegen! Ein echter Naturforscher weiß es besser. Gerade weil es weniger Futter gibt, sammeln sich jede Menge Vögel am Vogelhäuschen. Also Stift ausgepackt und gleich notiert: Wie viele verschiedene Vogelarten kannst du entdecken?

Rotkehlchen

Lieblingsspeise:
Haferflocken, Rosinen, Äpfel

Besonderheit:
Einzelgänger, verteidigt auch im Winter kämpferisch sein Revier.

Amsel

Lieblingsspeise:
Beeren und weiche Früchte

Besonderheit:
Der Schnabel ist bei den Männchen goldgelb, bei den Weibchen braungelb.

Kohlmeise

Lieblingsspeise:
ungesalzene Erdnüsse

Besonderheit:
Sie macht es sich in ihre
Nest gemütlich, indem s
es mit Tierhaaren ausleg

Blaumeise

Lieblingsspeise:
Meisenknödel und Samen

Besonderheit:
Legt bis zu 14 Eier in ihr Nest.

Buntspecht

Lieblingsspeise:
Nüsse in Pflanzenfett

Besonderheit:
Das Männchen hämmert von Dezember bis Februar auf hohle Baumstämme, um Weibchen anzulocken.

Elster

Lieblingsspeise:
zerteilte gekochte Eier und frisches Obst

Besonderheit:
Frisst wie der Eichelhäher nicht am Vogelhäuschen, sondern am Boden.

Kleiber

Lieblingsspeise:
Klaut am Futterhaus am liebsten Sonnenblumenkerne.

Besonderheit:
Kann kopfüber den Baumstamm hinunterlaufen.

Das perfekte Vogelhäuschen

Hast du gewusst, dass Vögel eine Körpertemperatur zwischen 40 und 45 °C haben?
Kein Wunder, dass sie trotz der warmen Federn viel Nahrung brauchen, um diese Temperatur auch im Winter aufrechthalten zu können. Deswegen kommen viele on ihnen auch zu Futterstellen.
Aber wie sieht das perfekte Vogelhäuschen aus?

Hast du´s gewusst?

Vögel sollte man nur bei Schnee und Frost füttern, bei wärmeren Temperaturen finden sie in der Natur ausreichend Nahrung.

Das perfekte Vogelhäuschen ...

... hat ein Dach, das das Futter vor Nässe schützt, damit sich keine Keime bilden können, die die Vögel krank machen.

... muss ab und zu mit heißem Wasser gesäubert werden, danach Hände waschen.

... sollte deswegen eine abwaschbare Folie am Boden haben.

... hält auch Wasser bereit, da es bei Eis und Schnee kaum trinkbares Wasser für die Vögel gibt.

... steht an einer geschützten, aber übersichtlichen Stelle, damit Katzen und andere Räuber kein zu leichtes Spiel haben.

... solltet ihr nicht zu nah an eine Fensterscheibe stellen (mind. 2 m entfernt), sonst könnte es zu Unfällen kommen.

Lecker Vogelfutter

Willst du für deine Vogelbeobachtung die Tiere mit besonders leckerem Futter anlocken?

Dann mach doch einfach selbst welches! Geht ganz einfach, sieht toll aus und schmeckt mindestens so gut wie gekauftes. Und verschenken kann man diesen gebastelten Baumschmuck übrigens auch sehr gut!

Probier´s aus!

Vogelplätzchen

Zutaten:

- 1 kg Kokosfett oder Rindertalg (gibt´s beim Metzger, stinkt etwas, aber die Vögel lieben es!)
- 3 EL Speiseöl
- 1 kg loses Vogelfutter

Je nach Vogelart kannst du einen Teil des Vogelfutters durch Haferflocken, Rosinen oder gehackte Erdnüsse ersetzen.

Das Fett muss in einem großen Kochtopf erwärmt werden, bis es weich ist, kurz abkühlen lassen, dann die restlichen Zutaten dazuschütten und ordentlich umrühren.

Wenn das Ganze ein bisschen abgekühlt ist, kannst du die Masse weiterverarbeiten.

Nimm am besten etwas größere Ausstechformen und umwickle sie unten herum mit Alufolie, sodass eine Art Boden entsteht. Dann stellst du sie auf Backpapier und befüllst sie mit der Vogelfuttermasse. Oben noch einen Zahnstocher reinstecken, damit du später ein Loch für eine Kordel hast, und abwarten, bis die Plätzchen ganz ausgehärtet sind.

Erste Hilfe für Igel

Bis zu 16 000 spitze Stacheln schützen den Igel vor Fressfeinden oder zu aufdringlichen Hunden oder Katzen. Gegen die kalten Temperaturen im Winter helfen die aber nicht. Der Igel ist ein echter Winterschläfer. Das bedeutet, dass er sich im Herbst ordentlich Fettreserven anfrisst, bevor er sich im November einen kuscheligen Platz sucht, an dem er den Winter verschläft. Weißt du, was du tun musst, wenn du im Herbst oder Winter einen Igel findest?

So baust du ein Igel-Hotel:

Einfach die Laubhaufen im Garten unter die Sträucher kehren und bis zum Frühjahr liegen lassen. So baust du ein gemütliches Winterquartier für den stacheligen Freund.

SOS

Erstversorgung für einen kranken, geschwächten Igel

- Unterbringung: Box mit Zeitung auslegen und eine Wärmflasche und ein Handtuch anbieten.
- Futter: Ungewürztes Rührei oder Nasskatzenfutter – aber immer erst füttern, wenn der Bauch warm ist. Erst dann hat sich der Igel ausreichend aufgewärmt. Zum Trinken Wasser (keine Milch!).

Was tun, wenn du einen Igel findest?

Herbst

wiegt Anfang November über 500 g

draußen lassen

unter 200 g

nach Mutter und Geschwistern suchen, denn der Igel wird noch gesäugt

- wiegt unter 500 g
- krank oder verletzt (z. B. wenn der Igel torkelt oder auf der Seite liegt)

Tierarzt oder Igelstation

Winter

bei Schnee und Eis

Tierarzt oder Igelstation

Top 8 Staun-Facts Eichhörnchen

Es gehört zu den bekanntesten Nagetieren überhaupt. Merkmal: buschiger Schwanz und extrem süßes Aussehen. Das Eichhörnchen lebt normalerweise in Mischwäldern in Europa, Asien und Amerika, aber auch in der Stadt ist es ein viel gesehener Gast. Mit diesen 8 überraschenden Infos kannst du deine Freunde zum Staunen bringen.

Platz 1

Wer ein Eichhörnchen verletzt, muss 50 000 € Strafe zahlen. Tatsächlich stehen Eichhörnchen unter Artenschutz. Wenn man die Tiere jagt oder verletzt, muss man mit einer harten Strafe rechnen. In Bayern kann man theoretisch zum Beispiel zu einer Strafe von bis zu 50 000 € verurteilt werden.

Platz 2

Eichhörnchen gibt es in vielen Farben. Das Europäische Eichhörnchen kann verschiedene Fellfarben haben, von Fuchsrot bis Braunschwarz. Im Winter ist das Fell immer etwas dunkler als im Sommer und auch dichter.

Platz 3

Eichhörnchen tragen warme Wintersocken und Ohrenschützer. Im Winter bekommen die Eichhörnchen nicht nur 2 – 3 cm lange Puschel an den Ohren, ihnen wachsen zusätzlich noch Haare auf den Fußsohlen. Das schützt vor der kalten Schneedecke wie ein paar warmer Socken.

Platz 4

Eichhörnchenmütter sind Löwenmütter. Sie siedeln ihre Jungen bei Gefahr oder Parasitenbefall des Kobels um, indem sie sie einzeln im Maul wegtragen. Sie verteidigen ihre Kinder mit Händen und Füßen.

Platz 5

Sie sind rot-grün-blind.

Platz 7

Eichhörnchenkinder bitten den Menschen um Hilfe, wenn sie nicht mehr können weil sie zum Beispiel aus dem Nest gefallen und nun hungrig und durstig sind. Dann krabbeln sie manchmal sogar an Hosenbeinen hoch. Keine Angst, sie übertragen keine Krankheiten auf den Menschen – schon gar nicht Tollwut.

Platz 6

Sie sind schlau! Wenn sie von Krähen beim Futterverstecken beobachtet werden, täuschen sie Verstecke vor. Oder sie drehen eine Nuss so lange in den Pfötchen, bis sie das Gewicht abgeschätzt haben. Daraus schließen sie, ob es sich lohnt, die Nuss zu knacken, oder ob sie vielleicht schon verfault ist.

Platz 8

Sie sind die Bienen des Waldes, denn sie verteilen die Baumsamen und Pilzsporen im Wald.

Interview: Eichhörnchen in Not

SOS

Ihr Telefon ist immer auf Empfang, denn Julia Sesto kann jederzeit wieder zu einem Notfall gerufen werden, um ein kleines Eichhörnchenbaby zu retten. Bis zu 700 Tiere pro Jahr werden beim Eichhörnchen Schutz e.V. in München abgegeben.

Wie wurdest du zur Eichhörnchen-Retterin?

Mein Traum war immer, mal ein Eichhörnchen zu streicheln. Ich gab bei Google »Eichhörnchen« und »München« ein und landete beim Münchner Eichhörnchen Schutz e.V.

Ich schrieb den Verein an und fragte, wie ich am besten helfen kann. Die Antwort: am besten, indem ich kranke oder verwaiste Tiere aufnehme und pflege, bis sie selbstständig sind. Ansonsten natürlich Spenden.

Was ist das Problem?

Eichis benötigen Mischwald. Vor allem aber Nadelbäume ab 20 Jahren, weil sie die Baumsamen brauchen. Wenn sie diese in der Stadt nicht finden, bauen sie ihre Kobel an Häusern. Das Problem: Die Mutter kann wie Spiderman klettern. Aber die Jungen müssen das erst lernen. In der Natur stürzen sie auch ab, aber landen weich auf Waldboden. In der Stadt können sie sich nirgends festhalten und fallen oft auf harten Grund. Dabei verletzten sie sich. Kalte Nächte und Regen führen zu Schnupfen, Lungenentzündung usw.

Was sollte ich tun, wenn ich ein verletztes oder hilfloses Eichhörnchen finde?

Bitte unbedingt den Eichhörnchen Schutz e.V. anrufen. Das Tier braucht eine erfahrene Pflegestelle. Wir haben in ganz Deutschland ein Netzwerk.

Was passiert, wenn ein Notruf bei euch eingeht?

Wichtig ist, wie alt das Eichi ist und wie die Fundumstände sind. Ist der Schwanz glatt oder buschig? Hat es die Augen auf oder zu? Sind die Schneidezähne schon gelb (erwachsenes Eichi) usw. Was ist passiert? Hat es Nasenbluten, Durchfall (verklebter Po), war eine Katze dran oder eine Krähe etc.

Was musst du tun, wenn du ein Eichhörnchen versorgst?

Bei einem Notfall schaue ich zuerst nach Verletzungen und wiege es. Babys mit geschlossenen Augen brauchen alle 2 Stunden Milch. Ab 6 Wochen knabbern sie an der ersten geschälten Haselnuss und auch an Zwieback. Dann wird es alle paar Tage mehr.

Das Eichi sollte nicht lange allein bleiben. Ich suche also über den Verein schnell Eichis im selben Alter. Auch wenn sie später Einzelgänger sind, halten sie sich in der Nähe von Artgenossen auf. Und als Baby haben sie Geschwister. Von denen lernen sie ihr Sozialverhalten. Ein Eichi alleine würde sich zu sehr auf mich fixieren.

Es wäre so zahm, dass ich es nicht mehr auswildern kann.

Der Verein Eichhörnchen Schutz e.V. hat eine Notrufnummer:

Telefon: +49 176 55 37 68 64

Wer spenden möchte, kann dies hier tun: https://www.eichhoernchen-schutz.de/spenden/

Wie viele Eichhörnchen versorgst du gleichzeitig?

Meistens zwischen zwei und zehn in unterschiedlichen Altersstufen.

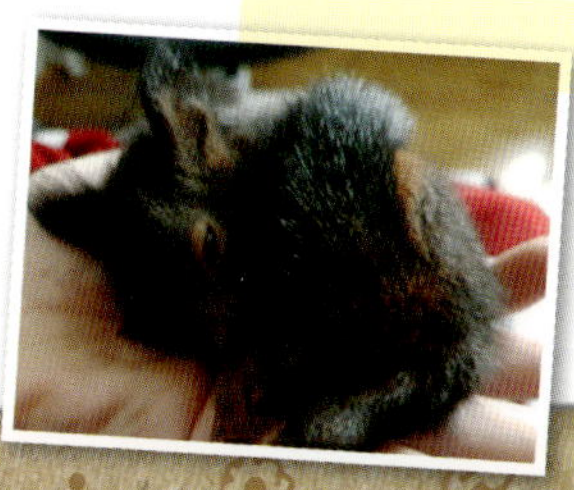

Kälte ist nicht gleich Kälte: Was machen Insekten?

Schmetterlinge, Marienkäfer und Co. sind im Winter verschwunden. Keine Spur von den kleinen Krabblern und Flattertieren. Aber was passiert während der kalten Monate eigentlich mit den Insekten? Machen sie sich wie die Zugvögel auf und davon? Oder verstecken sie sich? Und wenn ja, wo? Ein Fall für echte Naturforscher!

Die Mehrzahl der Schmetterlinge sucht sich ein geschütztes Versteck in Häusern, Schuppen oder Baumhöhlen. Der Zitronenfalter kann aber sogar ungeschützt im Freien überwintern. Sein Geheimnis: Er bildet das Frostschutzmittel Glycerin.

?

Stimmt's? Es gibt auch Zugschmetterlinge, die im Winter einfach ins Warme fliegen!

Stimmt! Der Distelfalter verbringt die Wintermonate in Afrika und kommt erst im Mai wieder zu uns zurück. Wenn du also das nächste Mal einen dieser Kerle siehst, weißt du, dass du einen echten Marathonflieger vor dir hast!

Großer Fuchs

Kohlweißling

Trauermantel

Distelfalter

Tagpfauenauge

Zitronenfalter

Florfliegen

Im Sommer sind sie erst unterwegs, wenn es dunkel wird, im Winter verstecken sie sich gerne in Häusern.

Spinnen

Suchen in hohlen Stängeln Zuflucht.

Ohrwürmer und Asseln

Verstecken sich unter altem Laub.

Wespen

Die alte Wespenkönigin stirbt und ihr Staat fällt auseinander. Während auch die normalen Arbeitswespen sterben, versteckt sich die Jungkönigin unter morschem Holz oder anderen Hohlräumen und übersteht die Kälte in Winterstarre.

Bienen

Bienen sind auch im Winter echte Teamplayer. Sie kuscheln sich alle in einem großen Bienenball – der Wintertraube – zusammen und erzeugen dann durch Muskelbewegungen Wärme. Dabei tauschen die Bienen, die im äußeren und damit kälteren Bereich sitzen, ihre Position mit den inneren Bienen. Nur die Königin bleibt immer in der mollig warmen Mitte.

Gepunktetes Glück: Marienkäfer

Er ist der wohl beliebteste Krabbler überhaupt: der Marienkäfer! Aber auch er braucht im Winter ein Versteck vor der Kälte. Gerne sammeln sich die Käfer und suchen dann als Gruppe in Laubhaufen, Ritzen oder auch im Keller oder Dachboden Unterschlupf.

Mythos Punkte

Sagt die Zahl der Punkte etwas über das Alter aus? Eigentlich nicht. Die Punkte sind einfach nur ein Muster. Verschiedene Arten haben verschiedene Muster. Bis zu 70 verschiedene kannst du bei uns in Deutschland finden

Eine Ausnahme gibt es aber: wenn der Krabbler noch gar keine Punkte hat. Daran erkennst du nämlich einen ganz frisch geschlüpften Marienkäfer. Die Farbe bekommen die Flügeldecken nämlich erst, wenn sie nach wenigen Stunden ausgehärtet sind.

Warum eigentlich Maria?

Seinen Namen verdankt der kleine Käfer seinen Fressgewohnheiten. Er vertilgt pro Tag bis zu 150 Blattläuse, als Larve bis zu 600 in drei bis vier Wochen. Da das ein echtes Glück für Gärtner und Bauern ist, dachte man, der Käfer wäre von der heiligen Jungfrau Maria geschickt worden. Also benannte man ihn auch nach ihr.

Die Marienkäferlarve ist nicht so niedlich wie der Käfer, vertilgt dafür aber unglaublich viele Blattläuse.

Top 4 – Die besten Tricks gegen Kälte

Wir Menschen schalten einfach unsere Heizung an, wenn uns kalt wird. Aber die Natur hat sich da ein paar wesentlich raffiniertere Tricks ausgedacht, um der Kälte zu trotzen! Hier kommen unsere Top 4 der Winter-Tricks!

1 Dauer-Eisfüße

Enten und Schwäne lassen ihre Füße kalt. So bleibt das warme Blut im Körper, und die Füße, die permanent das Eis oder den kalten Boden berühren, geben nicht so viel Wärme ab. Sie halten die Füße gerade warm genug, damit sie nicht am Eis festfrieren.

2 Kuscheln hilft

Ameisen, Marienkäfer und Bienen kuscheln sich im Winter aneinander, um sich gegenseitig vor der Kälte zu schützen. Auch einige Vogelarten wie der Gartenbaumläufer oder der Zaunkönig schließen sich im Winter zu Schlafgemeinschaften zusammen, um sich zu wärmen.

3 Tür zu – es zieht!

Die Weinbergschnecke schließt sich in ihrem Haus mit einem extra dicken Deckel aus Kalk ein. So kann sie Temperaturen von bis zu –40 Grad überstehen.

4 Eingebaute Heizung

Dachse sammeln in ihrem Zuhause Pflanzen, die verrotten. Bei diesem Prozess entsteht Wärme, die den Tieren über den Winter hilft.

Was passiert mit unseren Haustieren im Winter?

Nicht nur die Wildtiere verändern sich im Winter! Obwohl sie meistens in der kuschelig warmen Wohnung sitzen, stellen sich auch unsere Haustiere auf den Winter ein. Und ein bestimmtes Haustier landet dabei sogar im Kühlschrank!

Hunde und Katzen

Unsere vierbeinigen Freunde sorgen für ein gutes Polster und legen sich ein Winterfell zu. Bei Hunden dauert es im Schnitt 7 Wochen, bis das Fell im Herbst gewechselt hat. Wichtig ist dabei, dass die Tiere auch viel draußen sind, nur dann spürt der Körper, dass es kälter wird und er sich auf den Winter einstellen muss. Katzen können während des Fellwechsels ziemlich viele Haare schlucken, deswegen in dieser Zeit am besten öfter mal bürsten.

Schon gewusst?

Katzenfell ist viel dichter als Hundefell. Katzen haben pro Quadratzentimenter etwa 25 000 Haare, Hunde nur 1000–9000 Haare auf der gleichen Fläche.

Wellensittiche und Meerschweinchen

Beide Tierarten können sogar im Winter draußen gehalten werden, da ihr Körper mit den niedrigen Temperaturen umgehen kann. Trotzdem sollte man die Gehege gut isolieren, z. B. mit Styropor und Stroh.
Da die Tiere in dieser Zeit mehr Energie brauchen, kannst du ihnen ein bisschen Kraftfutter anbieten und immer darauf achten, dass das Trinkwasser nicht gefriert!

Landschildkröte

Dieses Haustier macht im Winter die größte Umstellung mit, denn es zieht um – und zwar in den Kühlschrank!
Die Landschildkröte fällt bei kalten Temperaturen in eine Winterstarre, in der die Körperfunktionen heruntergefahren sind. Dafür benötigt sie allerdings einen kühlen, dunklen Ort, an dem die Temperatur immer gleich bleibt. Ein Kühlschrank bietet da die optimalen Bedingungen. Einmal pro Woche sollte man allerdings öffnen, damit die Schildkröte auch genug frische Luft bekommt.

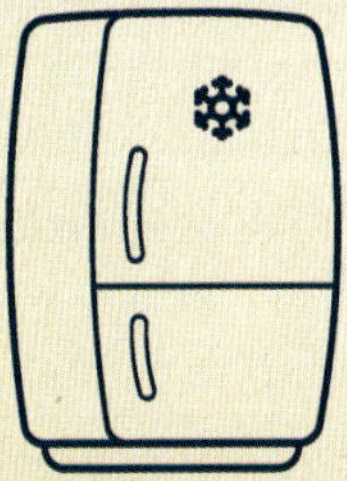

Interview: Winter auf dem Bauernhof

Auf dem Bauernhof ist immer viel zu tun, aber trifft das auch im Winter zu? Oder kann der Bauer in der kalten Jahreszeit faulenzen? Wir haben Hermann und Angelika Diefenthaler gefragt. Sie haben einen kleinen Bauernhof mit Getreide und Viehzucht in der Nähe von München, auf dem Kinder entdecken können, was auf so einem Hof tatsächlich alles passiert!

Wann beginnt die Wintersaison auf dem Bauernhof?

Die Wintersaison auf dem Bauernhof geht von Mitte November bis Ende Februar.
Im März stehen für uns dann wieder die ersten Arbeiten auf dem Feld an, daher auch das Lied »Im Märzen der Bauer ...«.

Muss ein Bauer im Winter nichts tun? Kann er faulenzen?

Auch wenn die Arbeit auf dem Feld im Winter ruht, kann der Bauer leider nicht die Füße hochlegen. Wir müssen zweimal am Tag die Tiere versorgen und melken. Die Kühe bekommen ihr Frühstück immer vor uns.
Dann müssen wir natürlich auch die Maschinen und Traktoren warten und reparieren. Die liegen gebliebenen Arbeiten vom Sommer z. B. im Haus und in den anderen Gebäuden oder auch Büroarbeiten werden im Winter erledigt, denn im Sommer haben wir dafür keine Zeit.

Liegen die Felder über den Winter brach?

Nein, bereits im August bauen wir den Raps fürs nächste Jahr an, Ende September säen wir die Wintergerste fürs nächste Jahr und im Oktober wird der Winterweizen unter die Erde gebracht.

Wie versorgt ihr die Tiere im Winter? Haben sie eine Heizung im Stall?

Unsere Tiere bekommen im Winter ausschließlich Silo-Futter (Maissilage und Grassilage) und Heu. Eine Heizung gibt es im Stall nicht, aber Fenster und Türen bleiben meist geschlossen. Die Kühe halten sich selbst warm. Sie haben eine viel dickere Haut und eine um 1 Grad höhere Körpertemperatur (38 °C) als der Mensch.

Info:
Für Grassilage wird das Gras nach dem Mähen direkt in Folie verpackt, es ist so feuchter als das getrocknete Heu.

Was ist für euch die Schwierigkeit im Winter?

Die größte Herausforderung sind Schnee und Frost. Das Wasser darf nicht einfrieren.
Trotzdem müssen wir darauf achten, dass der Stall immer wieder belüftet wird, die Tiere brauchen ausreichend Sauerstoff.

Welche Jahreszeit mögt ihr lieber, Sommer oder Winter?

Beides! Im Sommer ist es besonders toll, in und mit der Natur zu arbeiten. Aber im Winter haben wir auch mal die Gelegenheit, auszuruhen und andere Dinge zu erledigen.

Winter am See

Wenn der See endlich so fest zugefrorenen ist, dass man sich mit Schlittschuhen darauf wagen kann, sorgt das bei uns für jede Menge Spaß. Aber was machen eigentlich die Fische, wenn ihr Zuhause einfriert? Ihr Überleben verdanken sie einer ganz besonderen Eigenschaft des Wassers …

Die »Dichteanomalie«

Die Fische haben Glück, denn große Seen und Teiche frieren nicht komplett zu. Unter der dicken Eisdecke können sich die Tiere in tiefere Wasserregionen zurückziehen, in denen es nicht kälter als 4 °C wird. Das liegt daran, dass Wasser bei dieser Temperatur seine höchste Dichte hat, also am schwersten ist. Das 4 °C kalte Wasser senkt sich deshalb nach unten ab, das kältere Wasser steigt nach oben und wird dort zur Eisdecke.

Wegen der Dichteanomalie schwimmen übrigens auch Eiswürfel immer oben!

Wann gefriert Meerwasser?

Treffen Salz und Wasser aufeinander, bleibt das Wasser sogar bei tieferen Temperaturen noch flüssig. Erst bei knapp –2 °C gefriert auch Meerwasser. Wenn besonders viel Salz im Wasser ist, kann das Wasser sogar bis –21°C flüssig bleiben. Der Grund: Wenn Eis entsteht, ordnen sich die Wassermoleküle in einem Gitter an. Die kleinen Salzteilchen stören dieses Gitter, es entsteht erst bei noch kälteren Temperaturen.

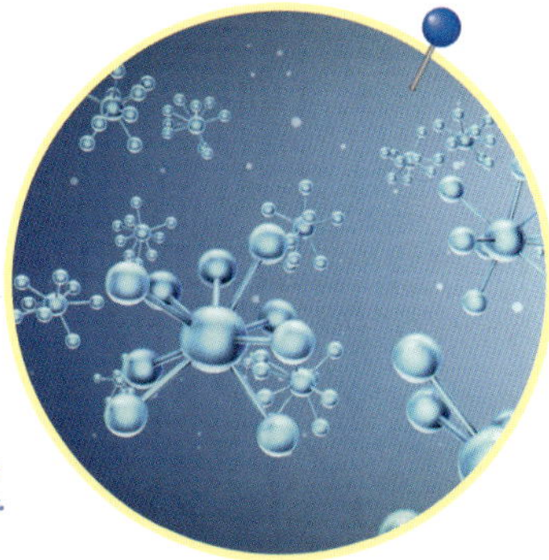

!!

Probier´s aus!

Fülle ein Glas oder einen Becher halb voll mit normalem Leitungswasser, in das zweite rührst du ein bisschen Salz, in das dritte schüttest du so viel Salz, dass auch nach langem Rühren unten im Glas noch Salz zu sehen ist. So hast du eine gesättigte Salzlösung hergestellt. Jetzt stellst du alle drei Gefäße bei Minusgraden nach draußen oder ins Gefrierfach.

Temperatur während des Experiments ....
Wasser pur gefroren nach ....
Salzlösung mittel gefroren nach ....
Salzlösung gesättigt gefroren nach ....

Wiederhole das Experiment wenn möglich bei einer anderen Temperatur!

Buddler und Supertaucher

Die Fische passen sich den kalten Temperaturen an, indem sie ihre Körperfunktionen herunterfahren und sich möglichst wenig bewegen. In ihren Verstecken verharren sie in einer Art Kältestarre. Einige Fische mögen die Kälte aber auch ganz gerne: Lachse feiern bei 6 °C schon wieder Hochzeit, sie legen mitten im Winter ihre Eier ab.

Bachforelle

Die Bachforelle versteckt sich zwischen Steinen und Ritzen und wartet auf wärmeres Wetter.

Karpfen

Bei 4 °C schlägt das Herz des Karpfens nur noch 3 – 6-mal.

Schleie

In den Boden eingebuddelt, übersteht die Schleie auch Eis und Frost.

Teichfrosch

Die meisten Frösche und Molche überwintern am Rande eines Gewässers unter Wurzeln oder Steinen.

Supertaucher

Der Grasfrosch kann sogar im Wasser und unter einer Eisdecke überwintern, und das ganz ohne Kiemen! Er atmet mit der Haut. Das funktioniert zwar nur eingeschränkt, aber da der Frosch sich kaum bewegt, genügt ihm diese Luft-Reserve.

Alle meine Entchen schwimmen auch im Winter auf dem See

In der Natur scheint ein Großteil der Tierwelt im Winter zu schlafen. Anders sieht das an den Seen und Flüssen in unseren Städten aus. Hier tummeln sich Enten und Schwäne – und oft auch genauso viele Menschen, die sie füttern wollen.

Eine alte Bekannte: die Stockente

Auch wenn uns Menschen bei Wintertemperaturen ein Bad im Freien nicht gerade verlockend erscheint, die Stockente verbringt diese Zeit am liebsten auf dem offenen Wasser, denn das ist immer noch wärmer als die Lufttemperatur bei Minusgraden. Vor der Kälte schützt sie sich mit einem Gefieder aus Daunen und Deckfedern. Und um das Wasser abzuhalten, fettet sie ihre Federn mit ihrem Schnabel ein. Das Fett dazu produziert sie selbst, es stammt aus der Bürzeldrüse am Schwanzansatz.

Stimmt's? Männchen und Weibchen kann man gut unterscheiden!

Stimmt! Die meisten können Männchen und Weibchen bei den Stockenten gut unterscheiden: Das Männchen trägt ein prachtvolles Federkleid mit glänzend grünem Kopf, während das Weibchen braun und eher unauffällig erscheint.

Aber Achtung:

Von Juli bis August schlüpft auch das Männchen in ein braunes Gefieder. Vom Weibchen kann man es jetzt nur noch am gelben Schnabel unterscheiden!

Wasservögel, die du bei uns entdecken kannst

Naturforscher-Beobachtungs-Logbuch

Höckerschwan

gesichtet am ....

wo ....

Stockente

gesichtet am ....

wo ....

Blesshuhn

gesichtet am ....

wo ....

Tafelente

gesichtet am ....

wo ....

Kolbenente

gesichtet am ....

wo ....

Mandarinente

gesichtet am ....

wo ....

Graugans

gesichtet am ....

wo ....

Der Schwanenvater

In Hamburg hat er eine ganz besondere Bedeutung: der Schwan. Bereits seit mehreren Hundert Jahren leben die stolzen Wasservögel auf der Alster, 1164 verbot der Stadtrat, sie zu jagen oder auch nur zu beleidigen. Deswegen gibt es seit 1674 auch extra einen offziell angestellten Schwanenvater, der sich um die Tiere kümmert. Olaf Nieß hat diese Aufgabe vor 32 Jahren von seinem Vater übernommen. Eine seiner größten Herausforderungen ist dabei das alljährliche Einfangen der Schwäne, um sie in ihr Winterquartier zu bringen.

Warum werden die Schwäne in ein Winterquartier gebracht?

Die Alster friert bei sehr niedrigen Temperaturen von außen nach innen zu. Das heißt, die Tiere haben weniger Raum und finden auch weniger zu fressen als sonst. Sie würden sich in der ganzen Stadt verteilen und unter Umständen auch mal auf den Straßen herumspazieren. Unser Winterquartier im Eppendorfer Mühlenteich bietet den Schwänen die optimale Versorgung: Der Teich bleibt den ganzen Winter über eisfrei und es gibt ausreichend Futter.

Wie werden die Schwäne gefangen?

Die meisten Tiere halten sich am Rathaus auf, dort bilden wir mit Booten eine Kette, treiben sie zusammen und fangen sie dann mit bloßen Händen ein. Danach kommen sie in die extra mit Stroh ausgelegten Boote und werden ins Winterquartier gebracht.

Klappt das denn immer problemlos?

Oh nein, speziell im letzten Jahr haben wir nicht alle Schwäne sofort erwischt. Ein Boot war hängen geblieben und diese Lücke haben die cleveren Tiere natürlich sofort ausgenutzt und sind ausgebüxt. Wir konnten die Lage aber schnell wieder in den Griff bekommen.

Was sind die größten Herausforderungen im Winter?

Wenn es richtig kalt ist, muss ich häufig Schwäne befreien, die auf dem Eis festgefroren sind. Dafür ziehe ich mir einen Überlebensanzug an und bin dann mit einem Seil am Rüstwagen gesichert. Manchmal muss ich sogar mit der Motorsäge die Tiere herausholen.

Warum sind Schwäne so wichtig für Hamburg?

Eine alte Legende sagt, dass Hamburg eine freie und wirtschaftlich erfolgreiche Hansestadt bleibt, solange Schwäne auf der Alster ihre Runden ziehen. Sie sind die lebenden Wahrzeichen der Stadt.

Biber: Totgesagte leben länger

Nicht nur Vögel und Fische tummeln sich in unseren Gewässern. Es gibt auch ein Säugetier, das sich ziemlich gut versteckt, es ist nämlich nur nachts unterwegs. Mit ein bisschen Glück kannst du aber seine Spuren finden ...

Hier war ein Biber am Werk! Biber sind Pflanzenfesser und ernähren sich im Winter von Baumrinde. In einer Nacht kann er einen bis zu 50 cm dicken Baum fällen.

Ein echtes Familientier:

Der Biber zieht sich im Winter in seinen Bau zurück. In der sogenannten Biberburg lebt die ganze Familie: Mama, Papa und die Jungtiere dieses und des Vorjahres. Sie verschlafen den größten Teil des kalten Wintertags und sind nur 6 Stunden wach.

Beinahe ausgestorben ...

Der Biber wird schon seit dem Mittelalter gejagt, denn er hat einiges zu bieten.

Verkaufsschlager Biber:

- Die wärmste Mütze der Welt – eine Mütze aus Biberfell! Das Biberfell ist extrem dicht: bis zu 23 000 Haare pro Quadratzentimeter (beim Menschen sind es gerade mal 300 Haare).
- Heilmittel gegen ALLES – Bibergeil, ein öliges Duft-Sekret, mit dem der Biber sein Revier markiert, wurde als Arznei gegen Kopfschmerzen und jede Menge anderer Wehwehchen verkauft.
- Fleisch, das man in der Fastenzeit essen darf! – Weil der Biber im Wasser lebt, wurde er im 18. Jh. kurzerhand zum Fisch erklärt, so durfte man ihn trotz Fastenzeit essen.

Die Folge:

Anzahl der Biber in Deutschland 1950: gerade mal 200 Tiere. Naturliebhaber setzten sich für die Nager ein, mit Erfolg! Aktuelle Anzahl der Biber in Deutschland: ca. 26 000 Tiere. Vor allem an der Elbe und in Bayern gibt es die Nagetiere wieder in größerer Zahl.

Schon gewusst?

Warum bauen Biber eigentlich Dämme? So kontrollieren sie den Wasserstand, damit der Eingang der Biberburg immer unter Wasser liegt und sie so vor Feinden gesichert ist.

Top 6 der Kälte-bezwinger weltweit

Naturforscher Spezial

Bei uns kann es im Winter ziemlich kalt werden. Aber es gibt Gegenden auf der Welt, da erscheinen unsere Wintertemperaturen wie ein angenehmer Herbsttag. Hier müssen sich die Tiere schon ganz besondere Strategien überlegen, wenn sie überleben wollen!

1 Waldfrosch

Wohnt in Alaska. Er lässt sich bis zu einem Drittel einfrieren. Viel Zucker im Blut verhindert die Bildung von Eiskristallen, die bei anderen Tieren die Körperzellen zerstören würden.

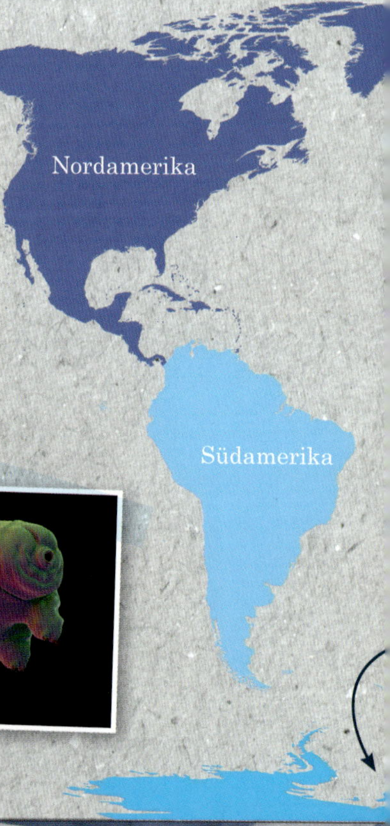

6 Bärtierchen

Die Meister der Kältebezwinger! Die 1,5 Millimeter großen Tierchen überleben Temperaturen von bis zu –200 °C! Sie leben auf Mooskissen oder im Wasser und können sich in einen todesähnlichen Zustand versetzen.

3 Eisbären

Haben nicht nur hohle Fellfasern, die das Sonnenlicht direkt zur Haut leiten. Die Haut unter ihrem Pelz ist schwarz! So können sie die Energie der Sonne besonders gut auffangen.

2 Rentiere

Sie schützen sich mit einer Art Frostschutzmittel. Sie nehmen diese Chemikalie mit einer besonderen Moos-Sorte auf.

4 Rotgesichtsmakaken

Sie leben auf einer japanischen Insel, auf der es im Winter schon mal auf –25 °C abkühlen kann. Ihr Trick: Sie suchen sich heiße Quellen und wärmen sich darin auf.

5 Eisfisch

Er verfügt über ein eingebautes Frostschutzmittel! Es sorgt dafür, dass der Fisch auch bei –2 °C in der Antarktis nicht erfriert.

Spaziergang im Winterwald

Für einen echten Naturforscher gibt es im Winter fast nichts Interessanteres als einen Spaziergang im Wald. Kahle Bäume und Sträucher ermöglichen einen völlig neuen Blick auf das Leben in der Natur. Aber welche Tiere sind trotz der kalten Temperaturen unterwegs und wo?

Rotfuchs

Tagsüber bekommst du Füchse eigentlich gar nicht zu sehen, denn da hält er sich meist in seinem Bau auf. Nur abends und nachts kommt er heraus, um kleine Nagetiere oder Vögel zu jagen.

Wildschwein

Sie leben meistens in feuchten Laub- und Mischwäldern. Tagsüber verstecken sie sich gern im Dickicht des Waldes, doch du kannst ihren »Schlamm-Badeplatz«, die sogenannte Suhle, gut erkennen: Denn die Wildschweine lieben es, sich nach einem ordentlichen Schlammbad an Bäumen zu reiben.

Mäusebussard

Sein Zuhause sind größere Laub- und Nadelwälder. Beobachten kannst du ihn im Winter aber am besten an Straßen. Da Mäuse im Winter unter der Erde verschwindeen, wartet der Bussard gerne auf Pfosten, dass ein Tier von Autos überfahren wird und er sich die Reste schnappen kann.

?

Stimmt's?
Das Reh ist die Frau vom Hirsch!

Rehbock

Nein, beide gehören zu völlig unterschiedlichen Wildarten. Da gibt es einmal das Rehwild mit dem Rehbock (der auch ein Geweih hat!), seiner Frau, der Ricke, und dem kleinen Rehkitz.

Hirsch

Die Familie des Rothirschs besteht aus dem Hirsch, der Hirschkuh und ihren Nachkommen, den Hirschkälbern. Der wichtigste Unterschied zwischen beiden Familien ist die Größe: Ein Hirsch kann zehnmal so viel wiegen wie ein Reh! Dementsprechend ist auch das Geweih des Hirschs wesentlich größer als das des Rehbocks.

PS: Tatsächlich tragen bei beiden Arten nur die Männchen ein Geweih!

Schiss-Quiz: Ein Haufen Häufchen

Pfoten- oder Hufabdrücke sind nicht die einzigen Spuren, die Wildtiere im Wald zurücklassen. Wer genau hinschaut, kann noch ganz andere Hinterlassenschaften finden, die einen eindeutigen Hinweis darauf geben, wer gerade im Wald unterwegs war ... Was gehört zu wem?

1

2

3

4

5

ösung:
b, 2c, 3a,
d, 5e

a

5–8 cm lange und ca. 2 cm dicke Würstchen mit spitzem Ende, im Winter viele Haare darin und schwarz-grau oder sogar weißlich wegen hohem Knochenanteil in der Nahrung

b

Kotbohnen aus mehreren Klumpen, dunkelbraun/schwarz, meist seitlich eingedrückt

c

Rund, ca. 1 cm Durchmesser, oft immer wieder an bestimmten Stellen

d

Wurstförmige Kotknollen, ca. 7 cm dick, häufig miteinander verklebt

e

Gewölle aus Haaren und Insektenpanzer-Teilen (sind unverdaulich und müssen deswegen rausgewürgt werden)

Naturforscher-Beobachtungs-Logbuch

Kot gefunden wann ....
wo ....
von welchem Tier? ....

Kot gefunden wann ....
wo ....
von welchem Tier? ....

Kot gefunden wann ....
wo ....
von welchem Tier? ....

Interview: Was hat der Jäger im Wald zu tun?

Dass Jäger Tiere erlegen, weiß jedes Kind. Dass sie aber gerade in den kalten Tagen noch ganz andere Aufgaben haben, verrät uns Ralf Balzar. Im Alltag plant er das Programm für einen Fernsehsender, aber in seiner Freizeit verbringt der Jäger jede freie Minute im Wald.

Was sind die wichtigsten Aufgaben eines Jägers?

Viele denken, dem Jäger geht es nur darum, Wild zu erlegen. Aber das ist beinah der kleinste Teil am Jägersein. Ein Jäger kümmert sich darum, dass die Tiere einen vernünftigen Lebensraum vorfinden. Sie müssen genug Futter haben und Verstecke finden. Außerdem versuchen wir, das Gleichgewicht von Natur und Mensch zu unterstützen. Dazu gehört natürlich auch, Tiere zu jagen. Denn wenn es z. B. zu viele Tiere einer Art gibt, kann das schlimme Folgen haben. Die Tiere können krank werden und diese Krankheiten können sich dann auch verbreiten. Oder wenn es zum Beispiel zu viele Füchse gibt, dann haben es die Hasen schwer.

Reguliert sich die Natur nicht von selbst?

Natürlich könnte man versuchen, die Tiere einfach sich selbst zu überlassen, aber das klappt nicht mehr.

Denn dann müssten wir auch unsere Straßen, Dörfer und Städte wieder aus der Natur entfernen, und das könnte etwas schwierig werden.

Was müssen Jäger im Winter anders machen?

Durch den Schnee finden viele Tiere weniger Futter und müssen nach anderen Futterquellen suchen. Oft fangen sie dann an, Knospen oder Triebe von Bäumen und Sträuchern zu fressen, die dann aber nicht mehr weiterwachsen und oft sterben. Deswegen versorgen wir die Tiere mit Futter, um den Wald zu schonen.

Was fütterst du den verschiedenen Tieren?

Was wir füttern, hängt natürlich stark davon ab, welche Tiere bei einem im Wald, also im Revier, vorkommen. Es gibt natürliche Futtermittel, wie Eicheln, Kastanien, Bucheckern, Hafer, Mais u. a. Getreide. Manches Tierfutter wird aber auch hergestellt oder bleibt über, wenn unsere Nahrungsmittel produziert werden, z. B.

Trester, also der Rest von z. B. Äpfeln beim Herstellen von Apfelsaft. Man könnte auch sagen, Apfelmatsch. Besonders Rehe mögen süßes Futter, allerdings darf man nicht zu viel davon füttern, weil sie sonst krank werden. Neben dem Saftfutter gibt es aber auch Trockenfutter, ganz wie zu Hause beim Hund oder der Katze.

Wo und wie machst du das?

Damit die Tiere das Futter auch annehmen, muss man es ihnen an Plätzen anbieten, an denen sie keiner stört, also nicht besonders nah an Wanderwegen oder Forststraßen. Damit es vor Regen geschützt ist, baut der Jäger kleine Futterstellen mit Dach, sog. Futterkrippen, in denen das Futter nicht direkt auf dem Boden liegt.

Ist es schwer, Jäger zu werden?

Ein bisschen schwer ist es schon, aber natürlich nicht unmöglich. Man muss sehr viel lernen über die Natur, die Tiere und Pflanzen, den Wald und wie alles miteinander zusammenhängt. Aber auch Regeln und Gesetze sowie dem Umgang mit Waffen, damit man sich oder andere nicht gefährdet. Den Jagdschein nennt man deswegen auch das »grüne Abitur«.

Was ist das Wichtigste für einen Jäger?

Liebe zur Natur, bereit sein, Verantwortung zu übernehmen und viel Zeit in seiner Freizeit zu opfern, sind wohl die wichtigsten Punkte. Wenn man dann einmal Jäger ist, ist einem eigentlich nichts wichtiger als das Wohl des Wildes, für das man verantwortlich ist.

Was magst du als Jäger besonders am Winter?

Ich mag die Stille, wenn man im verschneiten Wald sitzt und der Schnee die Geräusche dämpft. Wenn man nachts bei Mondschein auf dem Ansitz ist und der Mond scheint, dann glitzert der Schnee oft und es sieht wirklich toll aus. Tagsüber kann man im Schnee wunderbar die Spuren der Tiere sehen und viel über ihre Lebensweise lernen.

Hast du ein Lieblingstier?

Ja, Eichhörnchen. Ich finde die kleinen Kobolde einfach superniedlich und freue mich jedes Mal, wenn mich ein Eichhörnchen im Wald besucht.

?

Geheimcode Jägersprache:

Was ist eigentlich …

… ein Schwarzkittel? …..

Ein Wildschwein, wegen seines dunklen Winterfells

… ein Spießer? ……

Ein männliches Reh, das erst 1 Jahr alt ist und deswegen nur kurze Spieße statt eines Geweihs hat

… die Rotte? ………

Die Gruppe, in der Wildschweine zusammenleben, meist die Mutter und ihre Jungen

… die Lunte? …………………

Schwanz des Fuchses

… der Spiegel? ……

Heller Fleck am Hinterteil des Rehs, ist gut sichtbar und sorgt so für den Zusammenhalt der Familie

Heiße Flirts an kalten Tagen

Wer denkt, dass im Winter nichts los sei bei unseren Waldtieren, hat echt keine Ahnung! Denn tatsächlich nutzen nicht nur wir Menschen die kalten Monate zum Kuscheln. In der Balz-Zeit geht es heiß her im Winterwald, und einige Tiere tun wirklich alles, um sich gegen ihre Nebenbuhler durchzusetzen ...

Pipi und Spucke

Wildschwein-Männchen versuchen sich gegenseitig einzuschüchtern und zu vertreiben. Dazu scharren sie mit den Hinterbeinen, spritzen mit Urin und kauen wild auf ihren Zähnen herum, bis jede Menge schaumige Spucke entsteht. Wenn aber keiner nachgeben will, kämpfen die Tiere und verletzen sich zum Teil stark.

Wann:	November bis Februar
Nachwuchs:	Etwa 7 Frischlinge kommen zwischen Februar und Mai zur Welt.

Laute Liebe

Bei Fuchs-Rüden spielt die Kommunikation eine große Rolle. Bis zu 40 verschiedene Laute gibt es, aber der häufigste klingt wie hohes Hundebellen.

Wann: Januar und Februar
Nachwuchs: Die Welpen werden im März und April im Fuchsbau geboren und werden dort einen Monat lang von der Fuchs-Mama, der Fähe, gesäugt, bis sie das erste Mal den Bau verlassen.

Drum prüfe, wer sich ewig bindet

Die Balz des Waldkauzes kannst du in der Nacht anhand des heulenden Rufs des Männchens gut erkennen! So finden sich Pärchen wieder oder aber es wird eine Partnerin gesucht. Hat das Männchen noch keine Gefährtin, muss es das Weibchen von seinen Jagdkünsten überzeugen. Kein Wunder, dass sie es sich gut überlegt, denn ein Pärchen bleibt ein Leben lang zusammen.

Wann: November bis März
Nachwuchs: Das Weibchen legt im Februar und März 3–5 Eier in einer Baumhöhle ab und bebrütet sie einen Monat lang. Das Waldkauz-Männchen versorgt sie in dieser Zeit mit Futter.

Winterknabbereien

Im Sommer bietet der Wald jede Menge Futter, aber was fressen Reh, Hirsch und Co. wenn nichts mehr Grünes wächst? Die Einzigen, die die Tiere füttern sollten, sind Jäger oder Förster. Denn falsche Nahrung kann schnell Bauchweh und Durchfall verursachen. Aber wie kommen die Waldtiere mit der schmalen Kost über den Winter?

Winterspeisekarte

Hirsch:	Moos, Flechten, Knospen junger Bäume
Reh:	Rinde von Bäumen, Triebe junger Bäume, Eicheln und Bucheckern
Wildschwein:	Wurzeln, Eicheln, Bucheckern, aber auch Aas und Abfälle
Fuchs:	Nagetiere und Vögel, aber auch Aas und Abfälle

Magischer Magen:

Beim Reh verändert sich sogar der Magen selbst. Die Darmzotten im Inneren des Rehpansens werden im Winter länger. So können sie Nahrung besser verwerten und das Reh ist schon nach einem Drittel der normalen Portion Nahrung satt.

Ruhig und kühl:

Der Hirsch bewegt sich im Winter sehr wenig, um Energie zu sparen. Er macht sich nur einmal am Tag auf die Suche nach Futter und fährt die Temperatur seines Körpers auf 15 °C herunter.

Werden Tiere im Winter auch krank?

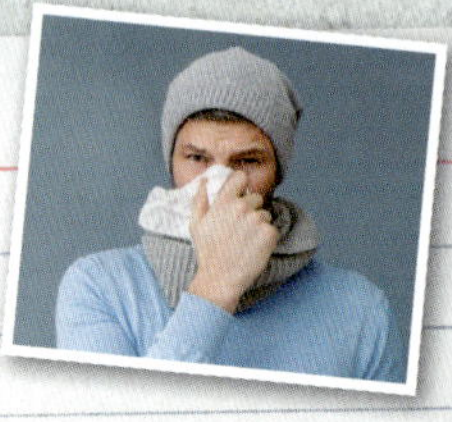

Kaum ist der Winter da, macht sich meistens auch schon der erste Schnupfen breit. Und leiden auch die Tiere unter laufender Nase und Husten? Auch die Tiere sind im Winter eher anfällig für Krankheiten. Dafür sorgen nicht nur Kälte und Nässe, sondern auch das knappere Futterangebot. All das schwächt das Immunsystem. Allerdings können sie sich nicht an unserem Schnupfen oder Husten anstecken. Wenn Rehe oder Hasen eine laufende Nase haben, liegt das häufig nicht an Bakterien, sondern an Parasiten wie Insektenlarven oder Würmern, die sich in den Atemwegen der Tiere einnisten.

Wildschweine leiden häufig unter einem Wurm, der die Lunge befällt. Er kann zu Niesen und Husten und im schlimmsten Fall zu einer Lungenentzündung führen.

Bei hustenden Rehen haben sich Rachenbremslarven breitgemacht. Das Reh versucht sie durch das Husten und Niesen wieder loszuwerden.

!!

Ein krankes Wildtier erkennst du daran, dass es nicht flieht. In so einem Fall solltest du das Tier in Ruhe lassen und dem Jagdpächter Bescheid geben.

Es ist nicht die Kälte selbst, die einen Schnupfen verursacht, sondern die Bakterien und Viren, die sich unser geschwächtes Immunsystem zunutze machen. Aber weißt du auch, was alles dazu beiträgt, dass wir uns im Winter schneller eine Erkältung einfangen?

Quiz

Welche dieser Behauptungen stimmt? Wir werden im Winter schneller krank, weil …

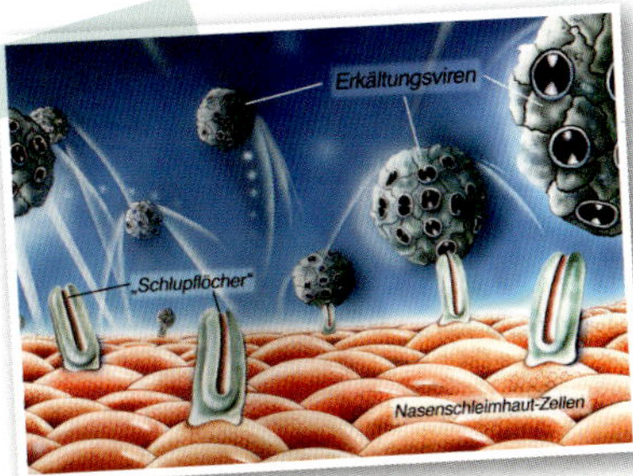

a) wir öfter in engen geschlossenen Räumen zusammenkommen und eher Kontakt mit anderen kranken Menschen haben und sich so die Keime schneller verbreiten können.

b) unsere Schleimhäute in der Nase von der trockenen Heizungsluft gereizt sind und Keime so leichtes Spiel haben.

c) sich in der Kälte die Blutgefäße zusammenziehen und verengen; deshalb sind weniger Immunzellen unterwegs, die normalerweise Bakterien und Viren bekämpfen.

Antwort: Alle drei Antworten stimmen!

Ganz nackt

Bis zu 200 000 Blätter hat eine ausgewachsene Eiche! Wenn sie die im Herbst verliert, muss sie alle im Frühjahr wieder neu wachsen lassen. Klingt nach einem ganz schönen Energieaufwand. Dass Laubbäume im Winter kahl werden, weiß jedes Kind. Aber warum eigentlich?

Quiz

Warum werfen Laubbäume ihre Blätter ab?

a) Weil sie sonst verdursten würden
b) Weil sie sonst erfrieren würden
c) Weil sie sich von Giftstoffen befreien wollen

Antwort: Richtig sind a und c!

Winterputz

Tatsächlich bekommen die Bäume im Winter nicht mehr genug Wasser. Ein großer Laubbaum verdunstet über seine Blätter an einem einzigen Tag bis zu 600 l! Wenn der Boden gefroren ist, können die Wurzeln daraus nicht mehr genug Wasser aufnehmen. Zusätzlich entledigt sich der Baum so ungewollter Stoffwechselprodukte oder Umweltgifte, die sich in den Blättern anreichern können.

Ausschlaggebend für den Abwurf der Blätter sind hauptsächlich die kürzer werdenden Tage.

Manchmal irrt sich ein Baum ...

Vielleicht findest du in deiner Umgebung einen Baum, der besonders nah an einer Straßenlaterne oder anderen hellen Lichtquelle steht. Diese Bäume glauben wegen des zusätzlichen Lichts, dass es noch nicht Herbst oder Winter ist, und behalten ihre Blätter länger als ihre Nachbarn.

Den Knospen auf der Spur

Mit ihren verschieden geformten Blättern sind Bäume kinderleicht zu erkennen. Im Winter, wenn sie uns nur noch ihr kahles Astgerippe zeigen, ist das schon wesentlich schwieriger. Doch auch in der kalten Jahreszeit gibt es eindeutige Hinweise, um die Baumart herauszufinden.
Eine Aufgabe für echte Naturforscher!

?

Wie vielen Bäumen kommst du auf die Spur?
Los geht´s mit den Knospen!

a) **Stiel-Eiche:**
Rudel-Knospen, die sich in Gruppen am Zweigende sammeln. Die Endknospe ist meist etwas dicker und größer als der Rest.

b) **Rot-Buche:**
längliche, spitze Knospen an dünnen, rötlich braunen Ästen, Länge ca. 2 cm

c) **Berg-Ahorn:**
grüne, rundliche »Knubbel«-Knospen, die immer paarweise wachsen

d) **Rosskastanie:**
dicke klebrige Knospe am Ende des Astes, darin wartet die Blüte auf den Frühling

e) **Esche:**
schwarze, matte Knospen, sie machen die Esche unverwechselbar

Auflösung:
1b, 2c, 3a, 4d, 5e

Rinden erkennen!

Rot-Buche:

Merkmal: ganz glatte Rinde und leicht silbrig

Der häufigste Laubbaum bei uns.

Birke:

Merkmal: weißes Muster in der Rinde sorgt für echten Zebra-Look

Es entsteht durch Betulin, das die Rinde hitzebeständig macht.

Kirsche:

Merkmal: quer geringelte Borke

Zwischen den Ringeln gelangt Luft durch die ansonsten dichte Rinde.

Stiel-Eiche:

Merkmal: derbe und tief zerfurchte Rinde

Enthält desinfizierende Gerbsäure.

Schon gewusst?

Je dichter das Blattwerk eines Baumes, desto glatter die Rinde. Denn eine dünne, glatte Haut können sich nur Bäume leisten, die sich mit einem dichten Blätterwerk vor zu viel UV-Strahlung schützen können.

Probier´s aus!

Schnapp dir ein paar Blätter, Papier und Wachsmalstifte, und schon kann´s losgehen!
Halte das Papier an die Baumrinde und male sanft mit dem Stift darüber. Jeder Baum lässt ein anderes Rindenmuster entstehen. Beschrifte sie und starte deine große Rinden-Porträt-Sammlung!

Oh Tannenbaum – Wie grün sind deine Blätter

Okay, wir wissen jetzt, dass Laubbäume ihre Blätter abwerfen, um im Winter nicht zu verdursten. Aber warum dürfen Tannen und Fichten das ganze Jahr über grün bleiben? Sie brauchen schließlich auch Wasser! Und gibt es auch Nadelbäume, die ihre Nadeln bei Kälte verlieren?

Die Nadeln von Tanne und Co. sind von einer dicken Wachsschicht umgeben. Sie schützt den Baum davor, zu viel Feuchtigkeit zu verdunsten. Eine Tannennadel wird bis zu 8–12 Jahr alt, und eine Fichtennadel kann 6–13 Jahre am Baum sitzen, bevor sie von einer Nachfolgerin abgelöst wird.

Hast du's gewusst?

Stimmt! Es gibt auch Nadelbäume, die ihre Nadeln verlieren! Die Lärche wirft ihre Nadeln im Herbst ab. Wenn man sich die Nadeln genau anschaut, kann man auch erkennen, warum: Sie sind weich, zart und biegsam. Anders als die kurzen, dicken Tannennadeln sind sie kaum vor dem Austrocknen geschützt. Würde die Lärche ihre Nadeln nicht abwerfen, würde sie bis zum Frühling unweigerlich verdursten.

Nadelbäume erkennen leicht gemacht!

Nicht jeder Christbaum ist ein Tannenbaum! Und auch im Wald kommt die Fichte wesentlich häufiger vor. Doch viele kennen die Unterschiede zwischen Fichte und Tanne gar nicht so genau. Dabei kann man die beiden ganz leicht unterscheiden, wenn man weiß, wo man hinschauen muss ...

Tanne

Nadeln: flach und biegsam mit stumpfer Spitze

Zapfen: stehen aufrecht, fallen niemals als Ganzes herab – deshalb wirst du auch nie einen Tannenzapfen bei deinem Waldspaziergang finden

Fichte

Nadeln: starr und spitz

Zapfen: lang und herabhängend, fallen als Ganzes auf den Boden

Ästchen: fühlt sich rau an, wenn man die Nadeln abzupft

Achtung – giftiger Tannenbaum: die Eibe

Die Eibe hat wie die Tanne biegsame, flach gedrückte Nadeln. Sie wird allerdings nicht so groß wie die Weißtanne und wächst eher strauchförmig.

Als Weihnachtsbaum sollte man sie besser nicht verwenden, denn bis auf die roten Samenhüllen sind alle Teile dieser Pflanze äußerst giftig!

Die Geheimsprache der Bäume – Jahresringe

Bäume können zwar nicht reden, sie haben aber trotzdem etwas zu erzählen! Wenn ihr bei eurem Winterspaziergang im Wald genau hinschaut, entdeckt ihr an den Wegrändern bestimmt gefällte Bäume. Seht euch mal die Schnittflächen an. Sie berichten wie ein Buch von der Lebensgeschichte des Baums!

Schau genau!

Wie viele Ringe kannst du zählen?

Jetzt weißt du genau, wie alt dieser Baum ist, denn jeder Ring steht für ein Lebensjahr. Suche doch mal den Jahresring, der zu deinem Geburtstag passt! Oder zu dem deiner Eltern!

Quizfrage

Wie alt ist der älteste Baum?

a) 1156 Jahre b) 9550 Jahre c) 4768 Jahre

Antwort b): Der bisher älteste gefundene Baum ist eine schwedische Fichte, sie ist 9550 Jahre alt!

Ein solcher Ring entsteht, weil der Baum je nach Jahreszeit unterschiedlich stark wächst.

Im Frühling legen die Pflanzen am schnellsten zu, hier bildet sich der helle, breite Bereich des Rings.

Im Sommer und Herbst wächst der Baum langsamer, die schmale dünne Schicht entsteht.

Hast du´s gewusst?

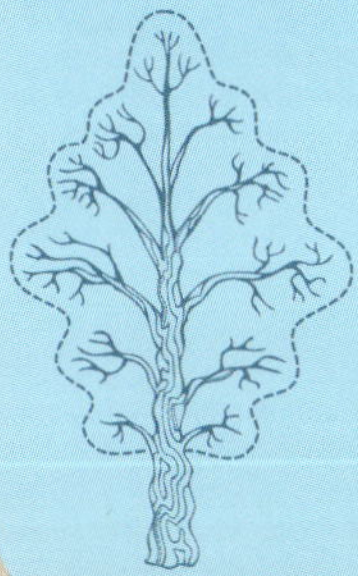

Man kann nicht nur ablesen, wie alt der Baum ist, sondern sogar etwas über die Vergangenheit herausfinden! Forscher haben die Jahresringe von besonders alten Bäumen untersucht und festgestellt, dass die Ringe seit 1950 dicker wurden als in den Jahren zuvor. Sie hatten damit den Beweis gefunden, dass sich das Klima verändert hat und es tatsächlich wärmer wird.

Interview: Winter im Zoo

Elefanten und Löwen im Schnee? Das kann den Zootieren zur kalten Jahreszeit schon mal passieren, und tatsächlich reagieren sie darauf ganz anders, als man denken würde … Navin Adami verrät uns die Geheimnisse des Winters im Zoo, denn er hat schon einige davon erlebt. Er ist seit 13 Jahren Zootierpfleger bei den Elefanten im Münchner Tierpark Hellabrunn.

Wie reagieren Zootiere, die sonst eher in wärmeren Regionen leben, auf den Winter?

Die meisten Tiere sind schon sehr lange bei uns oder sogar im Zoo geboren, sie kennen den Winter und den Schnee. Deswegen kommen sie gut mit den kälteren Temperaturen klar. Trotzdem dürfen Tiere aus tropischen Regionen natürlich nicht zu lange draußen sein. Unsere Elefanten sind bei Kälte meist eine Stunde am Vormittag und eine Stunde am Nachmittag im Freigehege.

Auf was müssen die Tierpfleger im Winter besonders achten?

Unsere Elefanten müssen wir bei Kälte nach dem Waschen immer erst ordentlich abtrocknen, bevor sie rauskönnen. Außerdem gibt es am Rande des Geländes als Deko Bambuspflanzen, die sich ins Gehege biegen, wenn zu viel Schnee daraufliegt. Dann knabbern die Elefanten die Pflanzen ab, an die sie normalerweise nicht rankommen. Deshalb müssen wir immer den Schnee vom Bambus abklop-

fen. Und die Tränke darf natürlich nicht zufrieren.

Mögen die Zootiere den Winter?

Ja, die Elefanten lieben den Schnee! Sobald es das erste Mal geschneit hat, basteln sie Schneebälle oder fressen den Schnee. Aber irgendwann ist es wie mit jedem Spielzeug: Je länger der Schnee liegt, desto uninteressanter wird er.
Wenn es den Tieren zu kalt wird, zeigen sie uns das, indem sie sich demonstrativ vor die Tür zum Innenraum stellen.

Gibt es Tiere, die sich mit dem Winter besonders schwertun?

Die Giraffen müssen aufpassen, dass sie sich nicht die langen Beine brechen, deswegen dürfen sie bei Eis und Schnee nicht ins Freigehege. Und unser Hornrabe Lisa ist ein echter Wintermuffel: Sie kauert sich richtig zusammen, sobald es kalt wird.

Was ist im Winter besonders schön im Zoo?

Im Winter ist viel weniger los, das heißt, man kann die Tiere ganz in Ruhe beobachten. Gerade die Rassen,

die normalerweise auch in kalten Regionen leben, wie die Eisbären, sieht man dann quasi in ihrem natürlichen Umfeld.
Ein kleiner Geheimtipp bei uns im Zoo ist die Großvoliere! Da herrscht eine ganz besondere Atmosphäre, wenn Schnee auf dem Netz der riesigen Anlage liegt.

Was ist dein schönster Moment im Winter?

Nach Weihnachten bekommen wir immer die nicht verkauften Weihnachtsbäume als Spende in den Zoo. Das ist immer sehr lustig und spanndend zu sehen, was die Dickhäuter damit anfangen. Sie legen sich die Dinger auf den Kopf und spielen damit, bevor sie irgendwann den Stamm auffressen. Elefanten fressen sehr gerne Holz, das ist wichtig für ihre Zahnpflege.

Verstecke vor der Kälte

Wenn es draußen kalt wird, machen wir uns oft Sorgen um die Tiere, die sich nicht am Ofen aufwärmen können. Völlig umsonst! Die Garten- und Waldbewohner haben sich ganz besondere Verstecke gesucht, in denen es sich auch im Winter gut aushalten lässt! Findest du alle Winter-Verstecke?

Der Eskimo-Trick

Der Feldhase buddelt sich bei Eis und Schnee einfach eine Mulde in den Boden und lässt sich vom Schnee einschneien. Denn Schnee kann auch warm halten, das funktioniert auch bei den Iglus der Eskimos.

Nest-Ball mit Notausgang

Eichhörnchen verschlafen den größten Teil des Winters in ihrem Kobel. Das ist ein ballförmiges Nest aus Zweigen und Ästen, das innen mit Blättern und Moos gemütlich ausgepolstert ist. Es ist blick- und wasserdicht und hat meistens noch einen Notausgang, falls ein Fressfeind in den Kobel eindringt.

Unter die Erde

Die Blindschleiche – die trotz ihres Aussehens übrigens nicht zu den Schlangen, sondern zu den Echsen gehört – gräbt sich lange unterirdische Gänge. Darin verkriecht sie sich und ruht, bis es wärmer wird.

Eingebauter Kühlschrank

Der Maulwurf kann sich nicht durch den gefrorenen Boden graben, deshalb zieht er im Winter einfach eine Etage tiefer, statt in 10 – 20 cm gräbt er seine Gänge in 50 – 60 cm Tiefe. Zusätzlich hat er sich noch eine Art Kühlschrank eingerichtet: kleine Kammern, in denen er lebende Regenwürmer, Larven und Insekten hortet.

!! Probier´s aus!

Dieses Experiment funktioniert nur mit echtem Schnee! Nimm zwei Gläser und fülle beide mit Leitungswasser. Dann stellst du ein Glas einfach nach draußen, das andere buddelst du in einen kleinen Schneehügel ein, den du auch nach oben abdichtest. In welchem Becher gefriert das Wasser schneller?

Antwort: Das Wasser im ungeschützten Becher, da der Schnee mit seinen vielen kleinen Lufthohlräumen ein wärmendes Polster bildet.

Hexenkraut oder Liebesbringer: Die Mistel

Was wäre die Weihnachtszeit ohne den typischen Mistelzweig über dem Türrahmen? Auch der Gallier Asterix und sein Druide Miraculix schwören auf die magischen Kräfte der Mistel. Und da sind sie nicht die Einzigen! Kein Wunder, schließlich ist sie eine ganz besondere Pflanze: ganz ohne Wurzeln in der Erde und trotz Blättern auch im Winter grün. Die magische Mistel nutzt dazu zwei besondere Tricks ...

Hast du`s gewusst?

Bei der Mistel gibt es Männchen und Weibchen, wie bei uns Menschen. Da sich die Pflanzen aber nicht zueinanderbewegen können, helfen ihnen der Wind, Bienen oder Hummeln bei der Übergabe der männlichen Pollen an die weibliche Pflanze.

Trick Nummer 1: Der Super-Kleber

Die Samen der Mistel müssen nicht, wie die Samen anderer Pflanzen, in die Erde, sondern direkt an den Ast eines Baums. Deswegen sind die weißen, perlenförmigen Früchte der Mistel superklebrig. Wenn Vögel von diesen Früchten naschen, bleibt ein Teil der Leckerei am Schnabel kleben, und den versuchen die Vögel dann später am Ast eines anderen Baums wieder abzureiben. Schon hat der Samen ein neues Zuhause gefunden!

Trick Nummer 2: Der Wasserklau

Wenn der Samen keimt, schiebt er eine erste feine Wurzel in die Rinde des Baums. So kann die Mistel Wasser und Nährstoffe von ihrem Gastgeber klauen. Dabei wächst sie allerdings sehr langsam. Ein großer Mistelzweig, wie du ihn auf dem Weihnachtsmarkt kaufen kannst, ist meistens 20 – 30 Jahre alt!

Sternstunden

Der Winter ist die perfekte Zeit, um einen Sternenspaziergang zu machen! In einer klaren Winternacht kann man besonders viele Sternbilder entdecken und außerdem wird es schon sehr früh dunkel.

!! Probier´s aus!

Also, warm anziehen, nachtleuchtende Sternenkarte einpacken oder ein Smartphone mitnehmen. Es gibt einige gute Apps, bei denen du nur das Handy zum Nachthimmel halten musst, und schon erscheinen auf dem Display die entsprechenden Sternbilder!

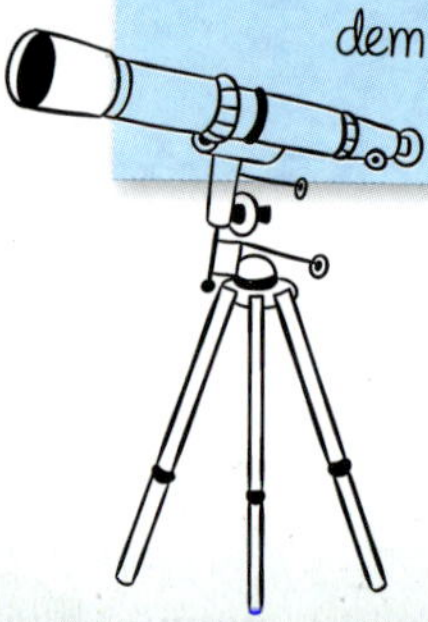

Tipp: Zur Sternbeobachtung immer an den Stadtrand gehen, da stören keine anderen Lichtquellen!

Wer hat die Sternbilder erfunden?

Tatsächlich haben die Sterne in den einzelnen Sternbildern gar nichts miteinander zu tun. Sie sind oft Hunderte von Lichtjahren voneinander entfernt. Trotzdem haben bereits die Babylonier vor über 4000 Jahren beim nächtlichen Sterneschauen Muster entdeckt und ihnen passende Figuren zugeordnet. Sie dienten als eine Art Kalender für Aussaat und Ernte.

?

Stimmt's? Verschiedene Länder haben verschiedene Sternbilder.

Stimmt! Die meisten Länder kennen zwar genau die gleichen Sternbilder wie wir, doch in anderen Kulturen haben sich ganz andere Gruppierungen und Bezeichnungen durchgesetzt. In China gibt es eine komplett andere Einteilung mit Sternbildern, die z. B. »Blauer Drache des Ostens« oder »Schwarze Schildkröte des Nordens« heißen.

Is mir Schnuppe

Wer viel Glück hat, entdeckt beim Sternebeobachten vielleicht sogar eine Sternschnuppe! Aber wie entstehen diese kleinen Feuerwerke überhaupt? Sternschnuppen sind kleine Meteore, die beim Eintritt in die Erdatmosphäre komplett verglühen.

Schon gewusst?

Die Meteore, die zu Sternschnuppen werden, sind gerade mal einige Millimeter bis 1 Zentimeter groß!

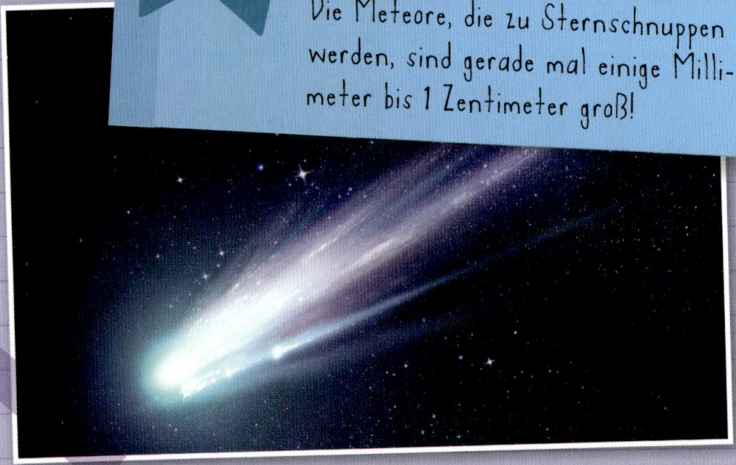

Sternschnuppen-Nächte

Es gibt einzelne Sternschnuppen, aber manchmal treten sie gleich massenartig auf. Dazu muss ein Komet nahe der Erde vorbeifliegen. Er hinterlässt eine Spur von Steinchen und Staub, die dann zu Sternschnuppen verglühen. Das Beste daran: Diese Kometen kommen jedes Jahr zur gleichen Zeit!

Beste Chancen für Sternschnuppen-Sucher:

1.–5. Januar
17.–19. November
7.–17. Dezember

Naturforscher-Beobachtungs-Logbuch

Datum ....

Anzahl beobachteter Sternschnuppen ....

Datum ....

Anzahl beobachteter Sternschnuppen ....

Datum ....

Anzahl beobachteter Sternschnuppen ....

Datum ....

Anzahl beobachteter Sternschnuppen ....

Datum ....

Anzahl beobachteter Sternschnuppen ....

Datum ....

Anzahl beobachteter Sternschnuppen ....

Datum ....

Anzahl beobachteter Sternschnuppen ....

Auch im Winter grün

Neben den Nadelbäumen gibt es auch noch einige andere Pflanzen, denen die Wintertemperaturen scheinbar nichts ausmachen. Diese Pflanzen haben aber genau das gleiche Problem wie die Bäume: Sie müssen aufpassen, damit sie nicht verdursten. Denn aus dem gefrorenen Boden können sie kein Wasser ziehen, aber bei Sonnenschein verdunstet trotzdem Feuchtigkeit aus ihren Blättern.

Einige Pflanzen wie der Rhododendron rollen ihre Blätter ein, sobald es richtig kalt wird. Mit diesem Trick kommt weniger Licht auf die Blätter und sie verdunsten weniger Feuchtigkeit.

Andere Büsche schützen ihre Blätter mit einer dicken Wachsschicht vor dem Austrocknen, wie zum Beispiel die Stechpalme.

Der Efeu hat einen besonders hohen Anteil an Anthocyan. Das ist ein Farbstoff in den Blättern, der vor UV-Strahlung schützt. Ist er besonders hoch konzentriert, werden die Blätter im Winter sogar rötlich.

In der Antarktis gibt es sogar Moos- und Grassorten, die Temperaturen von bis zu −80 °C überstehen. Ihr Trick: Sie bilden eine Art Frostschutzmittel, das die Pflanzen schützt. Das können übrigens auch heimische Vertreter. Es dauert allerdings mindestens 24 Stunden, bis die Pflanzen das Mittel produziert haben. Kommt die Kälte überraschend, erfrieren sie.

Wie überwintern Blumen?

Blumen können sich nicht wie wir warm zittern oder vor der Kälte davonlaufen. Sie haben ihre ganz eigenen Strategien entwickelt, um zu überwintern. Und einige sind dabei sogar ganz frech!

Strategie 1:
Extrem-Überleben in Mini-Form

Viele Pflanzen wie die Sonnen- oder Mohnblumen sterben im Winter komplett ab und verteilen deswegen vorher ihre Samen. Solche Samen können übrigens bis zu 100 Jahre überleben und dann immer noch eine Blüte hervorbringen.

Strategie 2:
Abtauchen

Blumen wie Tulpen und Krokusse sammeln ihre ganze Energie in einer Knolle oder Blumenzwiebel. So warten sie dann in der Erde auf wärmere Temperaturen.

Strategie 3:
Mir doch egal!

Es gibt ein paar tapfere Vertreter, die dem Winter einfach trotzen. Ganz nach dem Motto: »Schnee? Macht mir gar nichts! Ich blühe trotzdem!«

Winterjasmin mit knallgelben Blüten

Die Zaubernuss kann ihre Blüten zum Schutz vor Eis und Schnee einrollen.

Gänseblümchen-Geheimnisse

Jeder kennt sie: Die weiß-gelben Blümchen wachsen scheinbar überall. Und es gibt kaum jemanden, der nicht schon mal einen kleinen Strauß gepflückt hat. Sogar jetzt im Winter kann man sie auf der Wiese entdecken. Die süße Blume hat aber drei Geheimnisse, von denen du garantiert noch nichts wusstest!

Top 3 der Gänseblümchen-Geheimnisse

Geheimnis Nr. 1: Gänseblümchen schlafen

Tatsächlich schließen Gänseblümchen ihre Blüte in der Nacht. Dazu hat das Gänseblümchen eine Art innere Uhr. So weiß es auch ohne Licht, wann es Zeit wird, schlafen zu gehen.

!!

Probier´s aus!

Buddle ein Gänseblümchen aus der Wiese aus und setze es in einen kleinen Topf. Wenn du die Blume jetzt bei dir ins Zimmer stellst und z. B. abends das Licht anmachst, wird sich die Blüte trotzdem genau zur gleichen Zeit schließen und wieder öffnen wie bei den anderen Blumen draußen.

Geheimnis Nr. 2:
Gänseblümchen sind giftig

Schon mal ein Gänseblümchen genascht? Keine Sorge, das macht nichts. Du solltest es aber nicht übertreiben. Gänseblümchen gelten als gering giftig. Sie enthalten Bitterstoffe, von denen du Übelkeit oder Durchfall bekommen kannst, wenn du zu viel davon isst.

Geheimnis Nr. 3:
Gänseblümchen geben nicht auf

Gänseblümchen blühen immer wieder. Selbst im Winter strecken sie ihre Blüte durch den Schnee, wenn sie so ein paar Sonnenstrahlen ergattern können.

Buntes Winterwunder – Papageien am Rhein

Naturforscher Spezial

Papageien gibt es nur im Süden und bei schönen warmen Temperaturen? Von wegen! In vielen Städten am Rhein kann man mit etwas Geduld und Glück ein kleines Winterwunder beobachten!

Naturforscher-Beobachtungs-Logbuch

Was: Wild lebende Halsbandsittiche

Wo: Köln, Düsseldorf, Wiesbaden, Mannheim, Mainz

Woher: Die Halsbandsittiche sind die Nachkommen von entflogenen Haustieren. Normalerweise leben die Tiere in Afrika und Asien.

Wie viele: Experten schätzen, dass es bereits bis zu 10 000 Halsbandsittiche in Deutschland gibt.

Warum: Anders als andere Papageienarten sind Halsbandsittiche nicht empfindlich, was Kälte angeht. In einigen ihrer Heimatorte wie zum Beispiel Indien kann es auch richtig kalt werden. Dazu kommt das milde Klima in der Rheinebene, deswegen fühlen sich die Sittiche dort besonders wohl. Im Winter sind sie dann mit etwas Glück sogar am Vogelhäuschen oder Meisenknödel zu beobachten.

Frühlingsboten

So schön der Winter auch ist, irgendwann freuen wir uns dann doch wieder auf den Frühling. Hier verraten wir dir, woran du erkennen kannst, dass es bald wieder wärmer wird!

Top 6 der Frühlingsboten

Platz 1
Haselnuss-Blüte und Weidenkätzchen

Bereits im Februar blüht der Haselnuss-Strauch und die Salweide zeigt uns ihre berühmten weichen Kätzchenblüten.

Platz 2
Frühblüher

Einige Blumen können den Frühling gar nicht abwarten. Allen voran das Schneeglöckchen, gefolgt von Krokussen und Narzissen. Diese frühreifen Vertreter haben ihre Energie in der Zwiebel gespeichert und können so schon früher blühen als andere Blumen. Der Vorteil: Andere Pflanzen und Bäume tragen noch keine Blätter, deswegen bekommen Frühblüher mehr Licht ab.

Platz 3
Zitronen-Geflatter

Der Zitronenfalter fliegt, lange bevor die anderen Schmetterlinge herumflattern. Denn er hat den Winter nicht wie die anderen als Ei verbracht, sondern als fertiger Schmetterling in Winterstarre.

Platz 4
Heimkehr

Die Zugvögel kommen nicht alle gleichzeitig zurück. Zu den ersten Heimkehrern gehört der Star. Später folgen dann Kuckuck, Storch und Schwalbe.

Platz 5
Erdkröten-Wanderung

Erdkröten warten, bis die Temperatur mehrere Tage über fünf Grad liegt. Dann machen sie sich auf den Weg zu dem Gewässer, wo sie selbst mal geschlüpft sind, um dort ihre Eier abzulegen.

Platz 6
Hummelflug

Hummeln können bereits bei einer Außentemperatur von zwei Grad fliegen, Bienen brauchen da schon angenehme 10 °C. Die Hummelköniginnen haben im Boden eingegraben überwintert und wachen auf, sobald sie von den ersten warmen Sonnenstrahlen geweckt werden.

Noch mehr Natur!

ISBN 978-3-8458-1854-2

ISBN 978-3-8458-2367-6

Friedrichstraße 9, 80801 München

Konzeption, Text und Bildauswahl: Eva Eich
Gestaltung und Layout: Judith Jänsch
ISBN 978-3-8458-2656-1
www.arsedition.de

Bildnachweis

Gettyimages/Thinkstock;
Nature Picture Library: Roland Seitre, Pal Hermansen, Ingo Arndt, Mark Bowler, Doug Allan, Yukihiro Fukuda
Fotolia: ah_fotobox, Alexander Erdbeer, Andrea, Andrzej Estko, animaflora, Anterovium, brudertack69, Christian Jung, David, Delyana, Dozey, emer, Елена Кокоде, Gudellaphoto, Henrie, Henrik Larsson, Hoetink, Jamrooferpix, JuergenL, kasto, Naturecolors, Peter Wey, Pixelmixel, Ramona Smiers, Robert Pellinni, rtaylorimages, sandrafotodesign, sasimoto, Steve Byland, sumire8, tinella116, vaclav, Weimar
Privat: S. 36f., 48f., 68, 90

FSC
www.fsc.org
MIX
Papier aus verantwortungsvollen Quellen
FSC® C020056